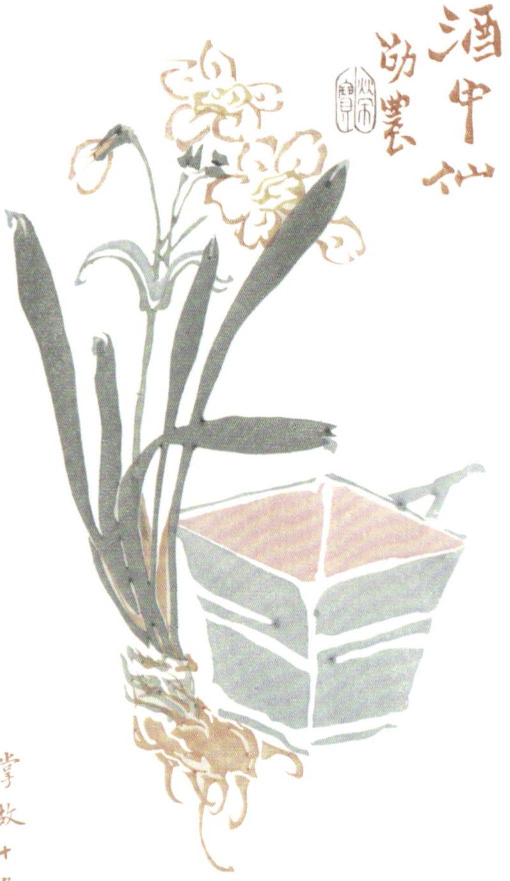

掌故十集纪念笺

徐俊题

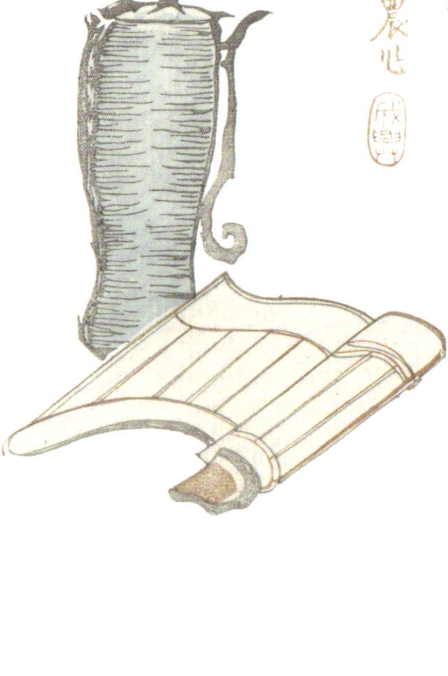

掌故

第十集

主编 严晓星

图书在版编目（CIP）数据

掌故.第十集/严晓星主编. —北京:中华书局,2023.8
ISBN 978-7-101-16288-2

Ⅰ.掌… Ⅱ.严… Ⅲ.中国历史-掌故 Ⅳ.K206.6

中国国家版本馆 CIP 数据核字(2023)第 125007 号

书　名	掌　故(第十集)
主　编	严晓星
责任编辑	李世文
责任印制	陈丽娜
出版发行	中华书局
	(北京市丰台区太平桥西里 38 号　100073)
	http://www.zhbc.com.cn
	E-mail:zhbc@zhbc.com.cn
印　刷	三河市中晟雅豪印务有限公司
版　次	2023 年 8 月第 1 版
	2023 年 8 月第 1 次印刷
规　格	开本/850×1168 毫米　1/32
	印张 10　插页 6　字数 160 千字
印　数	1-4500 册
国际书号	ISBN 978-7-101-16288-2
定　价	78.00 元

掌故

第十集

顾　　问　钟叔河　董　桥　陈子善
　　　　　赵　珩　白谦慎　徐　俊
主　　编　严晓星
统　　筹　李世文
装帧设计　刘　丽　丰　雷
电子信箱　zhangguzazhi@126.com

目　录

年才能写得出影射其地的小说，多年后才能看出营建的失去原
貌。他感慨旧日主人已归黄土，显然与周肇祥相熟，并无不
敬，倒有慨叹。

80　签名本琐忆 / 陆　灏

我们碰到陆谷孙先生，就"嘲讽"他是中国英文第二好的，第
一好的当然就是给他批改译稿的那位女编辑。陆先生后来大概
找到改稿看了，悄悄问我，有没有办法请出版社改回去。

99　杨联陞·赵如兰·"琴人图" / 荣鸿曾

我私下问 Canta，能否给我杨联陞的《停琴听松图》作纪念？
她答应了。现在这张"琴人图"悬挂在我家已快十年，我每天
都望上几眼，追思赵如兰教授，也遐念我们的三代师生情缘。

118　陆丹林二三事 / 黄大德

这是陆丹林以第三人称对萧女士恋情的唯一的叙述。不过，他
在文中对郑午昌题跋中的一些关键字句作了些删改。由此可
见，他并不希望人们知道他与心丹的关系，只把这段情深深地
埋在自己心底。

135　从顾澹明到陈仁涛、张大千——书信里的域外
贩画故事 / 许礼平

翁万戈和王季迁请律师处理，结果他们都没事，但是陈仁涛有
八十多件书画，运入美国时没有报关，被没收了。这原属于陈
仁涛的八十多件古书画，没收二十年后美国政府拨归某自然科
学博物馆，古书画对这个馆没有用，八十年代再转交弗利尔博
物馆收藏。是傅申经手整理的。

有时，姚老会故作神秘，仿佛所谈真属机密，不可外泄，但这正像我对他小说所提意见一样，本身就是不善于保密的表现。我曾对一些友人说，姚老也有狡猾的时候，但那是李逵式的狡猾，一眼就可看穿的。

他不止一次地对我说，如果他不干文学，当干部，做生意，搞科研，也一样能干得风生水起，照样活得比别人好。我承认他绝顶聪明，精明能干，但像他这样有强大内心自信爆棚的人还是凤毛麟角。

太炎先生临殁，以少子托孤于朱公季海。季海为人脱略，未尽厥责。章子后竟因事入狱。汤夫人恚甚，召章氏弟子群集，责朱负师之托，宣言褫其门籍。

鲁迅下世，叶公超连作二文，称美其文章，以为过于徐志摩、胡适。胡适见之，不快，对叶云："鲁迅生前吐痰都不会吐在你头上，你为什么写那么长的文章捧他。"

孟森之死

谭苦盦

抗战期间，一代史学名家、北京大学历史系教授孟森在日寇铁蹄下"我七百年来文化中心的故都"北平逝世。而其死因，历来有着两种说法，一为义愤说，一为胃癌说。前说迎合了有些叙述者乃至研究者的"立场"，认可度高，影响力大，实则辗转引述，反复润饰，渐与事实相去甚远。至于后说，虽未失去本然，但有许多细节尚待逐一厘清，也有个别执见应予重新反思。

一

"也许是他（孟森）最小的一个弟子"朱文长说：

七七事变后，他老人家因为年龄太大，只得暂时留在北平。敌人进城后来到北大，首先就将图书馆里藏的一幅古东三省舆图找出来，因为看不懂，知道心史先生对此有研究（他曾发表过一篇文章论此图的），于是找了他去强迫解释。就这样将他老人家郁郁的气死了。（朱文长《海涛集》，商务印书馆1946年版，第99页）

而孟森的"后辈晚学"何勤华也说：

孟森研究清代史的时候有一个绝活，即专门考证清朝末年俄国和蒙古的边界的地形，写了《宣统三年调查之俄蒙界线图考证》一书。这个成果被日本人知道后，日本人就来收买，他不出让，日本人就通过朋友给他施加各种各样的压力，他始终不肯交出来，最后，日本人就强行抄家，把这个《考证》抄走了，孟森当场就气病了，住在医院里，吐血，没过几天就去世了。（何勤华《中国近代知识分子与中国近代法的命运》，见《江海学刊》2008年第1期）

关于孟森之死，朱文长与何勤华认为与"界线图事件"相关，只不过朱文长说得相当简略，而何勤华说得相对细致一些。综合两人所述，特别是后者的刻画，一个"自强不息、爱国爱学"的知识分子形象跃然于纸上，须眉毕现，音容宛在，而其悲愤之情力透纸背，动人心魄，感人肺

1937年的孟森（坐者右二，北京大学档案馆提供）

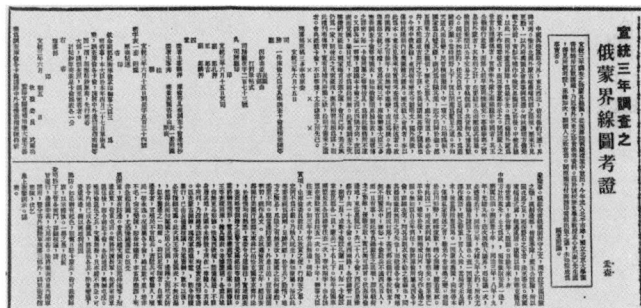

孟森《宣统三年调查之俄蒙界线图考证》（部分）

腑。然而两人所说其实均是耳食之言，当不得真，因为根据"界线图事件"的亲历者严文郁的说法，当年之情形与事实并未如此，则朱文长之说大端有绪、细节无稽，而何

3

勤华之说渲染过分、信实不足。

严文郁说：

> 提起"俄蒙界线图"一节，我知道最为清楚。……
> 我于民国二十四年第二次（第一次为民国十四至十五
> 年）去北京大学图书馆服务（为北京大学图书馆主任），
> 在孟先生七十大庆的祝寿会上认识他，但过从不密。
> 二十五年某日孟先生到图书馆来访，手拿一轴裱好的
> 地图，展开给我看，即是宣统三年调查的"俄蒙界线
> 图"。他说此图为前清理藩部旧藏档案中散出，极有价
> 值，学校应该购藏，但售主要价三百元之多。初听如
> 此巨款，心中暗吃一惊，经他详加解释后，我竟被说
> 服了。我回答孟先生如果历史系同意（系主任为陈受
> 颐先生），我愿购进，在该系应得书款项下开支。后来
> 他与系中商妥，我随即与售主办好交易。此一近世之
> 珍贵参考资料因孟先生的重视与介绍，入了北京大学
> 图书馆善本书库，但谁也想不到此图竟夺有功文献学
> 人的寿命！图购到不久，孟先生写了一篇洋洋七八千
> 字的《考证》，初登在天津《大公报·图书副刊》，后
> 转载于北平图书馆《图书季刊》第三卷第三期。……
> 《考证》发表后，用日本退回庚子赔款所办的东方文
> 化委员会的主持人桥川时雄读到这篇文章，即刻给北
> 京大学图书馆来了一封公函，请求用该会图书馆名义

向北大借阅此图。我收到信后，心中非常踌躇。我想日本参谋部可能绘制得有更精细的俄蒙地图，但在中日战事一触即发的时候，这二张罕见地图，仍以不落到日人手中为是。因此我毅然决然拒绝了桥川的要求。幸好以后日方未来纠缠，我以为事已告一段落。民国二十六年七月七日卢沟桥畔的枪声燃起了中日大战的烽火。八月初国军撤出北平，日军开进城内。地方得力于绅商先与日军接洽，没有像南京那样的大屠杀。居民虽饱受恐惧，但安然渡过难关。……北平沦陷敌手，北京大学图书馆工作仍未停顿。因系暑假期间，内部职员仅在上午办公，阅览室则上下午开放，俾研究室（馆内共有研究室二十馀间）教授及留校同学可照常工作及阅读。八月下旬某日下午，我回家吃过午饭，正在午睡之时，电话铃响了，接听系图书馆打来的。对方说："现有自称东方文化委员会研究人员数人，由日本宪兵驾汽车来馆，索阅'俄蒙界线图'，并追询孟森教授住址，应如何对付？"我知道孟先生住在离汉花园北大红楼不远的银闸胡同，嘱咐同事以"不知道"回答日人。至于地图在书库第一层善本书中，可以取出给来人参阅。又请他们随时将演变情形向我报告。不久馆中又来电话，谓日方人士已去马神庙第二院文书处，查询孟教授公馆所在地。我即命人速至银闸胡同孟先生府上通知一声，因孟先生已逾古稀之年，惟恐受惊致疾。第三次报告是孟先生表示无所畏惧，决不回避。我听了心中大大地赞叹心史先生临难不苟免的精神。东方文化委员会人员终于来到孟家。寒暄之后，说明来意，表示对"俄蒙界线图"至感兴趣，要请孟先生到图书馆亲予指教。孟先生毫不迟疑的同他们回到图书馆。展开地图，有问必答的消磨了不少时间。日人至感满意，最后取出照相机请孟先生和他们共摄一影作纪念。照完相孟先生独自回家，日本人写完借条将图携走了。此图后来下落如何，我因未回北平，不得而知。……孟先生翌年去世的消息，后来闻之于北大同事，但不知致死之由与那两张地图有关，所以上述一段故事至今尚未对任何人谈及。（严文郁《孟心史先生与"俄蒙界线图"》，见《传记文学》1968年第13卷第4期）

严文郁的叙述较为客观详实，不似朱文长与何勤华带有较强的主观色彩与个人揣度，就连严文郁自己也认为"故将前后经过补充一二，以资信实，且作将来写孟森先生传记者的第一手资料"。

据严文郁忆述，在"界线图事件"中，孟森的表现是从容而平静的，对于日本人的要求也相当地配合，不亢不卑，不惊不迫，虽在内心深处，"郁郁"是可能的，但是"当场就气病了，住在医院里，吐血"乃至"郁郁的气死了"

严文郁

则未必然。且严文郁前后两次强调"谁也想不到此图竟夺有功文献学人的寿命"以及"不知致死之由与那两张地图有关",足见在亲历者看来,该起事件不过是一般性交涉,既谈不上侮身败名,更够不着丧权辱国,因之致死,是殊不可解的。

而同样地,在罗常培认为"七七事变后的北大残局"之中"有几件值得记的事",其一就是:

8月25日本宪兵四人到第二院校长室检查,由毅生独自支应,后来周作人闻讯赶到,用日语和日宪兵驳辩,那时他还站在北大同人的立场说话。过了两天日人又到图书馆索取三多时中俄画界地图并且请孟心史先生给他们解释。这时的情势已经越逼越紧了。

（罗常培《七七事变后的北大残局》，见《罗常培文集》第10卷，山东教育出版社2008年版，第323页）

也并无只字谈及孟森的"过激反应"。何况，"界线图事件"起于1937年8月27日，而孟森则卒于1938年1月14日，相隔将近五月，何勤华说"没过几天就去世了"，近乎凭空信口，无从采信。

二

至于日军为何挑起"界线图事件"，严文郁说：

> 日本人的动机是想从地图上发现甚么秘密。一年以前未曾达到目的，在占领北平以后，仍未忘情于此。足见他们处心积虑，无孔不入，亡华之心，无时或忘。他们其所以坚持要找孟先生是借题发挥，别有用心，想利用孟先生在学术界的地位和声望作宣传，大弹其"中日合作"的滥调。可是孟先生大义凛然，决不与日本人接近。较之那些日本通出任要职者有贤与不肖之别！（严文郁《孟心史先生与"俄蒙界线图"》）

但日本人究竟"想从地图上发现甚么秘密"，则未明说。在严文郁之前，1938年8月15日，也就是孟森"归道山七个月了"以后，卢逮曾从当时"张鼓峰问题"引起过一段关于孟森的回忆，涉及"界线图事件"以及日本人的"秘密"。

"张鼓峰是苏联滨海省和我国吉林省交界地方的一个山峰，这里地势十分险要，为两国边境军事上的一个重要据点"（石公《谈一谈"张鼓峰事件"》，见《战时民众（重庆）》1938年第11期）。1938年7月底8月初，日军在张鼓峰向苏军挑衅，但在苏军有力的回击下，日军失败求和，8月10日，苏日双方在莫斯科缔结停战协定。当时，张鼓峰乃伪满洲国"领土"，因此停战协定规定苏日双方界线的最后划定由苏联代表二人、日本与伪满洲国代表二人组成混合调查委员会处理。

从动因看，"张鼓峰事件"就是一起因为"边境"问题而引发的战事，所以卢逮曾从"张鼓峰问题"联想到了"界线图事件"：

> 是一段痛心的、值得注意的回忆！是去年北平陷敌后的一件事实。……该图购妥以后，由心史先生借去研究一过，写成短文一篇发表于天津《大公报》的《图书副刊》。不料这篇文章却惹起一段风波，同时也完成了心史先生的"最后一课"！……客秋故都仓促沦陷，八月底倭奴桥川（桥川时雄）率敌武装宪兵

二三人到北大图书馆索阅此图。在俘虏状况下的馆员又那能抗拒！但是在愤恨惨痛的情形里，却久觅不得，敌人坐候至三小时馀，颇觉不耐，遂傲狠的嘱咐馆员明天上午必须寻出，到时再来。敌人去后，馆员们少微沉静了一下，就在编目室里找着那份中俄交界图了。次日上午九时馀桥川和敌宪兵偕同倭外务省特派员及"伪满外务部"特派员各一人到馆，馆员即将该图取出令其阅览。……倭奴汉奸等反覆检视良久，终不能明白这图上所绘的究竟是中俄交界的那一个地段，询之馆员当然也不能代为解释。倭奴桥川乃乘车赴马圈胡同三号把白发皤然忧国成疾的心史先生请来给他们讲解。心史先生到后，就坦然的，以警斥顽敌的态度，按图详为讲释指明某地距某城约若干里，以及该国的东西起止点。倭奴汉奸均恭谨听讲，并提出若干疑问，心史先生均一一为之详细讲说，以予满意的解答。最后心史先生乃反询彼等是否尚有疑问。倭奴等都鞠躬敬谢答以满意，如此心史先生的最后一课便将近下堂的铃声；而心史先生却严肃的说："这幅地图所指示的，是自满洲里，以西至库伦西面唐努呜染海东端的中俄交界图，对于你们现在的需要没有关系。你们要想也利用这幅地图，那总得等到你们的武力能侵侵外蒙古以后吧！"倭奴汉奸听了这段诚训，都失望含羞的相顾索然而罢，仍将该图留置北大图书馆中。

心史先生便如结束了他的最后一课；而今他已归道山七个月了，我们将得的抗战最后胜利，他已不能亲见！（卢逮曾《从张鼓峰问题引起的一段回忆——纪念孟心史先生》，见《政论》1938年第1卷第21期）

卢逮曾叙述的基本事实与严文郁所说是一致的，可能也是"闻之于北大同事"，而所异者，除了在遣词上较多情感倾向之外，在立意上，恐怕也是"借题发挥"而已，因为"两周以来，苏倭张鼓峰事件闹的有声有色，吸引着全世界的视线，更打动了若干中国人的心弦。而今总算暂时告一段落，前途发展如何，现在尚难预测"，是以必须通过宣扬孟森"他这种'畏武装不能屈'的，'知其不可为而为之'的精神"，以达到警世的政治目的：

我们在这一事实上，可以看出倭奴是怎样急迫的想寻觅关于东三省的中俄交界的历史上的证据。这完全是因为他们根本没有一点这方面的材料，每逢边界有了纠纷，在外交上只能听凭俄国一面的主张，而他们是绝对拿不出任何证据来的，所以他们目光四射的在我国寻求这方面的文献。他们这种广泛、细密的注意，是如何的值得我们重视！个人相信心史先生那篇文章发表以后，除了极少数研究我国东北史地和中俄边疆问题的人们或曾注意过外，恐怕另无人重视！

敌国朝野却这么注意它，足见他们侵略的用心真是像
"水银泄地"一般的无孔不入啊！

于是大声疾呼"'知己知彼，百战百胜'，敌之谋我如
此，而我拒抗侵略又岂能不倍徙于敌"。不过，虽然卢逮曾
将"界线图事件"视为"心史先生的最后一课"，但未明确
地提到孟森的死因。或许在卢逮曾看来，孟森之死与该事
件并无多大关系。

三

朱文长与卢逮曾并非"界线图事件"的亲历者，故在
辗转叙述该事件时难免掺入个人的理解与目的，如朱文长
明显是为着表现"爱国情操"，而卢逮曾则是为了"前事之
不忘，后事之师"。但这夹杂的臆见或者私计，有时易于异
变为误会乃至曲解，如孟森另一位弟子吴相湘在谈到"界
线图事件"时说：

　　1937年冬，北平沦陷后，日本宪兵竟前往北大研
究院文科研究所向先师心史先生强迫索取清宣统元年
（1909年）测绘俄蒙交界地图原本。这是先师曾撰文
考证这一地图刊载天津、上海两地《大公报·图书周
刊》，被日本军部注意，故派武装宪兵向先师强索。先

师因此气愤至极，步行回家，祭拜先灵并写下"白发孤儿辞先灵"诗句后即卧床不起。当时，傅斯年师复相湘手翰有云："心史先生之丧，是国事殄瘁中一大伤心事。"（吴相湘《马神庙·译学馆·汉花园——北京大学忆往》，见《传记文学》1987年第50卷第5期）

其中"日本宪兵竟前往北大研究院文科研究所向先师心史先生强迫索取清宣统元年（1909年）测绘俄蒙交界地图原本"一句，所涉及的地点"北大研究院文科研究所"以及时间"清宣统元年（1909年）"有误，"祭拜先灵"之诗亦误。孟森此诗题为《九月二十一日家忌祀先祭告》，作于1937年9月21日，共有两首，吴相湘提到的是第一首：

> 白头孤儿拜起迟，乱离衰病两难支。抛家子妇依亲串，避乱儿童误学期。体茶更无生可乐，时艰翻觉死非宜。征东将士如龙虎，家祭留身谨告知。（罗常培《孟心史先生的遗诗》，见《治史杂志》1939年第2期）

孟森之母张太夫人育有三子，孟森居长，而孟昭常其次，孟鑫行三，但胞弟二人均早亡（孟昭常卒于1919年，孟鑫卒于1895年），孟森实为硕果仅存，故而自称"孤儿"，时年虚岁七十，是谓"白头"。这个"白头孤儿"，不幸"体茶"，"衰病"相侵，丁此"时艰"，"乱离"相迫，虽说生无"可乐",然而死则"非宜",因为要将此身留着,以待如龙似虎的抗日将士们"征东",尽可能地打到日本的本土上,"末句用的是南宋陆游临终诗'王师北定中原日,家祭无忘告乃翁'故事"(郑天挺《孟心史先生晚年著述述略》,见《清史探微》,商务印书馆2017年版,第731页)。廿馀年前,"梁任公尊人莲涧先生于任公潜赴西南起义时殁",孟森致一挽联,其下句云"剑南诗废读,扰扰中原,指挥略定,奈亲舍飞云影逝,伤心家祭告翁时"(《古今联语汇选二集》,商务印书馆1919年版,第17页),仍是脱意于此。

虽然孟森"家忌祀先祭告"一诗情调起初深沉悲切,最终却是激昂慷慨,并未看出"界线图事件"所带来的"气愤至极"。1938年5月19日,国军空军派出两架马丁-139WC(亦称马丁-B10)型轰炸机,"初次远征日本,在九州各地散传单。夜半出发,未明到达,傍午归来,唤醒日民迷梦,发扬中国德威"(《空军初次远征日本在九州各地散传单》,见1938年5月21日《大公报》)。即便"空军勇士跨海征东"所投者为"纸弹",群情反而因之振奋不已,就连中共主办刊物《新华日报》对之也是称许有加,"为唤醒日寇铁蹄下的民众,我神勇空军征日创伟举,长崎佐世保传单飞舞惊破敌胆魂,我为维护人道免伤无辜并未投弹,警告残暴敌寇万吨炸弹随时可至"(见1938年5月21日《新华日报》)。惟此孟森已不及见,遑论1945年8月15日昭和天皇发表"终战诏书",以及10月10日在北平太和殿所举行的"第十一战区受降典礼",更不必说"家祭告翁"。

四

"体茶更无生可乐",那让孟森觉得"难支"的是"胃疾"。《九月二十一日家忌祀先祭告》第二首云:

> 受气分形七十年,向来顽健忽颓然。殡来易厌肬生舌,气突难降梗在咽。起面软增胫拥肿,嘉蔬甘助腹颠连。自嫌入世工餔餟,今日翻教虑后天（医言胃纳为人生后天）。（罗常培《孟心史先生的遗诗》）

孟森"向来顽健",不惟"虽笃老而精神矍铄,神明不衰,如五十许人"（金毓黻《静晤室日记》,辽沈书社1993年版,第4100页）,而且"体素强,年已七十,访友入校均步行"（《郑天挺西南联大日记》,中华书局2018年版2020年第4印,第15页）。据说:

> 他吃饭的规矩最好,每顿低头吃白饭二三碗,只拣面前的一碗蔬菜吃,稍微远的菜,无论好坏,看也不看的,听说宋代王介甫也是如此,只有在家吃饭时,他的太太替他拣菜饭碗上,他只得吃下去,家里

15

不用女用人，他六十多岁时，膂力还健，夏天自己到老虎灶冲水回来洗澡，清晨太太上小菜场买菜，他替她携笨重的油壶。（谦《追记孟心史先生》，见《金声》1941年第3卷第4期）

就是这样一位"朴素健强，一点也看不出是七十岁的老者"（朱文长《海涛集》，第99页），一旦患病，"颓然"了无生趣。

据其"丁丑重九"自述，"今年自夏入秋，患胃病甚剧"，则此病发作于1937年农历夏间，当时可能并未引起孟森足够注意，一切生活如常。"七七事变"以前：

北大史学系老教授孟心史先生现年七十岁，为明清史专家。性沉静，不苟言笑，有好好先生之称，师生相处甚得。最近该校师生以先生年高有功，拟不久出一史学杂志，并刊一"孟心史先生治史专号"，以示赞仰。先生除治史学外，对于国学及绘画，亦有相当研究。最近画一莲花悬于史学系教授会墙上，并题七绝一首，首句为"老爱寻芳强自宽"，末句为"写出婵娟坐卧看"。不知先生平素为人者，读此两语，当疑先生为一老风流才子也。（小梅《孟心史教授作情诗》，见1937年4月11日《华北日报》）

孟森在史学方面的造诣，世所共闻，而其绘画之才，知者盖寡，但郑孝胥倒是领教过的，1937年1月3日，"来好、天孙自天津归，携来……孟莼孙自写牡丹一方"（《郑孝胥日记》，中华书局1993年版，第2654页），却无一语道及画迹意境如何。至于"悬于史学系教授会墙上"的莲花图，妙肖与否，也是未可知也，所可知者，此七绝全诗为：

> 老爱寻芳强自宽，人采商字又遮闲。却将订史研经笔，写出婵娟坐卧看。

乃是"丙子（1936）冬至后三日"孟森在其夫人顾淑琴所绘莲花图上的题诗，原有两首，另一首为：

> 花正开时一叶凋，盈虚消息悟今朝。爱莲果有濂溪癖，邯郸香顽韵最饶。（孟蔚彦《孟家的故事》，华东师范大学出版社2009年版，第85页）

此老清兴，可谓不浅。"最近该校师生以先生年高有功，拟不久出一史学杂志，并刊一'孟心史先生治史专号'，以示赞仰"，主要还是为了"以介眉寿"，庆祝孟森七十寿诞。1937年5月1日，顾颉刚"到院，整理《西麓涉笔辑稿》"，就是为了"送北大《治史杂志·孟心史先生七十纪念专号》"（《顾颉刚日记》第3卷，联经出版事业有限公司2007年版，第637页）。孟森认为"森以年齿日增，老将至而耄及，方切愧悚，乃蒙同仁同学奖饰逾恒，愿作一较有兴趣之文，以供抚掌"，即以《香妃考实》作为答礼。5月28日，北京大学在松公府举行"孟心史先生七十纪念会，到会约百人"（《顾颉刚日记》第3卷，第647页），合影一张，胡适题字："民国廿六年五月廿八日，北京大学庆祝孟心史先生七十大寿纪念合影。"还有"史学会同学并为集赀送了一个'诲人不倦'的银盾，孟先生含笑受之"（动武《略记孟森先生》，见1937年7月11日《华北日报》）。

其后，北平沦陷，北京大学南迁。而孟森因衰病在身，未克随行，困处危城，杨联陞说"我曾托人转请先生给我

北京大学庆祝孟心史先生七十大寿纪念合影

写过一把扇子":

> 先生写的是李越缦的《九日寄雪鸥》七律:"越山云雾逼秋清,细雨黄花易得晴。落叶与人争野渡,斜阳随雁下江城。无多朋辈艰求食,如此穷途未悔名。念尔闭门谁送酒,登临应解遣遥情。"现在扇子没有了,诗倒还记得,因为当时读了很感动。那时心史先生已过七十,身体不佳,心境更坏。写这首诗,大约也是借来发泄自己的忧愤。《海宁陈家》一稿,撰写也在此时。(杨联陞《〈明代史〉序》,见《明代史》,华世出版社1975年版,第2页)

而孟森在《海宁陈家》篇末写道:

> 二十六年八月十九日,书于北京大学史料室。同人谓,南北消息不通,传者谓北方教授多微服出奔;属余作一文,如期出版,且证明在平之不弃所业,以示国人。故乐为之书。

没过多久,"大约是九月初旬(农历)吧,开始发见了胃部有病"(罗庸《忆孟心史先生》,见《治史杂志》1939年第2期),方才"初请四川萧龙友方骏诊视,继就诊协和医院"。孟森"往协和检查,余(郑天挺)劝之乘车,不允,余乃送之往。步履迅健尚过余远甚。私告诸友，谓先生必能速痊"（《郑天挺西南联大日记》，第15页）。

"协和断为胃癌，主割治。先生初非之"，并在1937年10月12日"枕上成一律"：

> 七十鸡胸始自奇，一方垣洞国工疑。运斤欲试成风技，濡墨先题绝命诗。忽复抚膺谈骨相，顿令张目贱巫医。悬门纠正西来法，功在生灵未可知。

诗前还有题序：

> 今年自夏入秋，患胃病甚剧，兵火危城，无复生意，不得已就诊协和。协和诸医胸有成见，以最时行之癌症期待之，盖党国要人殁于是者屡矣。辗转导令纳重费，取决于透光之摄影。既摄而言，果有癌在食道下端、胃脘上口。余闻之，知以窭人攀贵症，奏刀可速死，不奏刀亦必死，待尽而已。索所摄影观之，医谓"纵观亦不解"，靳不与也。余告医，生平胸有锁骨，里俗谓之"鸡胸"，与平人不同，摄影时请勿误会。医漫不省，意谓科学自有精鉴，不劳过问。旋由他医施诊时，乞得影片一观，则胃口横一月牙黑影，所谓成癌者在是，知诊断果误矣！胃纵成癌，癌亦血肉之质，岂能全不透光，因厚薄分浓淡则可，与两旁

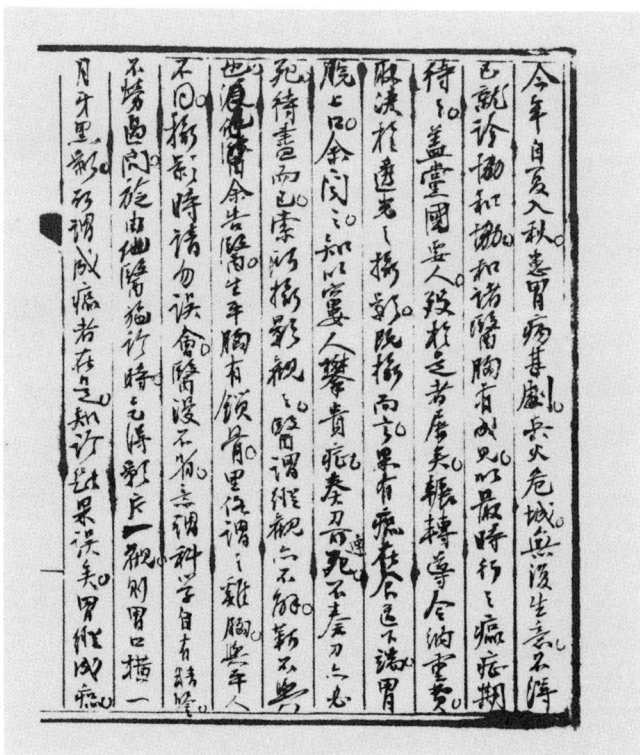

孟森"枕上成一律"题序手迹（部分）

肋骨同黑，无此理也。俗言"鸡胸儿难长大"，长大则未始非寿征，莞然自遣，枕上成一律。时丁丑重九。

虽然孟森"鄙薄协和医院，这鄙薄并不表示先生不信任科学的检查，而正是表示先生对于自身健康的自信"（罗庸《忆孟心史先生》），甚至"因危城中误诊癌症"之事，"因思故友梁任公，以齿病就诊协和，医谓病源在尿毒，割去一肾藏乃可，任公好科学新说，毅然从之。肾去而齿不愈，缺一肾转生他病，未几不起"，于是以诗"追悼任公"：

　　故人埋玉隔山邱，宴笑风流不可求。少我五年先下世，能文千载几同游。可怜笃信新知见，不及因循旧辈流。倘借微躯早祛惑，至今观变共凝眸。

　　由于孟森"胸有成见"，对于"经协和医院诊察，断定是胃癌，他自己还不相信"，并未及时住院"割治"。10月14日，孟森"夜睡甚适，纪之以诗"，内有"美哉此睡恬心魂，黄昏一睡逮朝暾。身中疾苦了不觉，世上乱离那复论。日高能眠最难得，去仙无几古所云"诸句，于此可见其为人之乐观自信。

　　奈何事与愿违，病况转恶，10月18日，孟森"病中作"另一首诗，明显地透露出悲凉意绪：

　　生死如观掌上纹，已登七十复何云。病深始欲偷馀息，才尽难胜理旧闻。长谢朋觞来简约，只亲药裹似丝梦。卅年襞积前朝史，天假成书意尚殷。

　　"病深"之际，开始留意"生死"问题，但仍念念不忘

"卅年蒐积前朝史"，即尚未完全脱稿的《明元清系通纪》。金毓黻说：

> （孟森）先生治明、清史最有声，殚心于满清未入关史实，一如东邦之有稻叶君山。近年抄撮明代、朝鲜两《实录》，以为《明元清系通纪》，刊成十六册，尚未完编。凡不得见两录者，可以是编为依据。（金毓黻《静晤室日记》，第4100页）

孟森希冀天假之年，以成其书。"后来经朋友婉劝终于11月4日进了协和医院"（罗常培《七七事变后的北大残局》，前引第326页）。郑天挺说：

> 协和断为胃癌，主割治。先生初非之，尝以相告。余以先生春秋高，亦劝之慎重。萧虽中医，而主割治甚力。先生乃入协和，余力不能阻，乃阴请于协和姜体仁、张庆松及德医郑河先诸大夫，能不割治则稍缓。诸大夫均以为然，而主治医亦谓可不割。先生住院两周，精神日健，胃纳亦佳，甚喜。（《郑天挺西南联大日记》，第15页）

孟森住院期间，周作人、郑天挺、罗常培、郑孝胥、郑孝柽诸人先后前来医院看望。

周作人在"11月16日访诸协和医院，赠以《风雨谈》一册，以其中引及孟先生著作也"（周作人《书房一角》，新民印书馆1944年版，第171页），孟森示以"日记中有好些感愤的诗"（周作人《知堂回想录》，香港牛津大学出版社2019年版，第460页）。

郑天挺在"离平前两视先生于协和，先生以病榻日记相示。虽在病中，不忘吟咏，而无时不以国事为念。有祭祖诗、讽郑苏戡诗，极悲愤伤悯之怀"。此郑苏戡即郑孝胥，曾任伪满洲国的国务总理大臣兼文教部总长，孟森与之相交有年，过从甚密，哪怕在郑孝胥做了"汉奸"之后，关系仍暧昧而微妙，"丁丑（1937）孟夏"，孟森曾在"旧都寓次"为郑孝胥"乙丑至丙子所作"《海藏楼诗》作序，"孟森不讳惓惓怀旧之意，遂同郑集传布，可'所讶异者，数十年来竟未闻有难齐之物论也，岂世人以包胥缔交于伍员视之欤'（谷林《孟心史》，见《书边杂写》，辽宁教育出版社1995年版，第59页）。"据说，他（孟森）是伪满开国元勋郑孝胥的老朋友，有一次一位同学问他还跟郑奸有信件往还否，他答称'有，有，间或有，不很多'"（动武《略记孟森先生》）。即便如此，孟森在大是大非前尚有定见，是以"伪满政府曾数次遣人到北平游说心史先生出任伪满'文教部'次长"，均被"断然拒绝"（孟庆瑞《走近孟森（心史）先生》，见《孟森遗稿汇刊》，中华书局2014年版，第4552页）。

11月14日，罗常培"离平的前三天，到协和医院向先生（孟森）辞行，他给我看他近作三首讽刺郑孝胥的诗，我当时就在病榻旁边把它们抄下来"，临别之时：

> 先生握着我的手说："这三首诗希望莘田（罗常培）兄带给南方的朋友们看看，以见我心境的一斑。我们这次分别恐怕就成永诀了！"我当时答道："望先生安心养病！最近的将来我们一定还会在我们心爱的北平共同治学的！"于是先生泣，我亦泣！（罗常培《七七事变后的北大残局》，前引第327页）

孟森《郑氏兄弟父子昨来寓拟寄二律》之二：

> 宿瘤丑已取憎多，况踞胸中作白窠。刚值乱离思节缩，竟缘危惬费搜罗。病才创见身先试，家纵全倾奈命何！为报故人消息恶，膏肓攻达窘医和。（罗常培《孟心史先生的遗诗》）

"宿瘤"乃是"古典"，据说，"宿瘤女者，齐东郭采桑之女，闵王之后也。项有大瘤，故号曰宿瘤"（刘向《列女传》），至于"今典"，则谓孟森已然承认自己所患病为胃癌，即胃瘤病。且自认为病入膏肓，就连"医和"也陷入了窘况，束手无措。

11月17日，郑天挺、罗常培、魏建功诸人结伴离开北平南下。没隔多久，估计疗效并不十分显然，孟森也出院了，回到"北京银闸马圈胡同孟宅"。11月29日，北京大学"留平教授"周作人等"在北池子一带的孟心史先生家里"集会。而此时的孟森，据周作人忆述：

> 孟先生已经卧病，不能起床，所以在他的客房里作这一次最后的聚谈，可是主人也就不能参加谈话了。随后北大决定将孟心史、马幼渔、冯汉叔和我四人算作北大留平教授，每月寄津贴费五十元来。（周作人《知堂回想录》，第532页）

集会以后，"遂不相见"（周作人《书房一角》，第171页）。到了年底，"其时孟森已病笃"（《周作人的一封信》，见《新文学史料》1987年第2期）。次年，"孟心史先生于1月14日午逝世，临终遗言宛如放翁嘱儿诗"（《郑天挺西南联大日记》，第19页）。至于死因，赵贞信对顾颉刚说，"以胃癌疾"（《顾颉刚日记》第4卷，第6页）。

五

孟森逝世之后，家属油印讣闻若干：

记云:"家主孟心史先生于民国二十七年一月十四日午时寿终正寝。定于十六日接三。谨此报闻。"其下落款为"北京银闸马圈胡同孟宅家人",随后更用毛笔注明"电报不通,各亲友住址不详,请代为一一通知"。(孟庆瑞《走近孟森(心史)先生》,前引第4557页)

但是,周作人致函郑天挺,"谓孟心史先生归道山,并不因经济窘乏之故,乃由其家庭间小有纠纷,是以讣闻亦不正式发送,无家中人署名云云",故郑天挺不无感慨地说:

异哉!心史先生长子心如,余识之杭州,殊豪放,现执教中央大学,又何至为此耶?人真不易知也。(《郑天挺西南联大日记》,第47页)

孟森一生三娶,原配钱氏(1868-?),又室周氏(周香谷,1870-1920),再室顾氏(顾淑琴,1885-?)。"子二:长心如,次菊如("菊"古作"鞠"),俱周出"(《毗陵孟氏六修宗谱》,1928年愿学堂木活字本)。孟鞠如乃"留学法国巴黎大学",毕业后在国民政府外交部工作。而孟心如初为"德国柏林大学化学博士,浙江大学工科教授",后为"暨南大学(兼理学院化学系主任)、中央大学教授。抗日战争爆发后,随中央大学迁重庆,从事颜料研究和教学

27

工作"（《江苏省志·人物志》，凤凰出版社2008年版，第1002页）。因其名与乃父笔名"心史"相似，竟有将父子误作兄弟者：

> 孟心如为著名史学家孟心史（森）之弟，江苏武进人，留学德国柏林大学，专攻药物学。……孟森（心史）虽为史学家，对电气工业亦具有极大之兴趣，与心如在家乡办有中国电气公司，设立大规模之蓄电厂，京沪路武进一带城镇之电气供给，以此电厂供给为多。所以孟氏兄弟，在中国电气工业界中，亦颇负盛名。（徐公《孟心史与心如一门双杰》，见《新上海》1946年第38期）

但在"孟心史先生归道山"之后，孟心如与孟鞠如均"客渝"，或考虑到战火频仍，交通阻滞，千里奔丧，殊为不易，是以二子未尝回归北平，自然也就无从在讣闻上"署名"。外间传闻"家庭间小有纠纷"，疑即因此附会。

虽然孟森讣闻未尝"正式发送"，但其逝世消息已然见诸报端。1938年1月17日，《晨报》发表题为"一代史学名家孟森先生逝世，诚文坛上一大损失"的新闻稿：

> 北京大学教授武进孟森先生，前患胃瘤病，曾赴协和医院疗治，已有数月，终因年高病深，卒告不治，

于一月十三日寿终京寓马圈胡同三号。该氏著作等身，一代史学名家，遽告仙逝，全国学术界无不哀悼痛惜，诚中国文坛上之一大损失云。

该新闻稿却将卒期"一月十四日"误作"一月十三日"。由于孟森"二子皆不在侧"，只得"殡于法源寺"（《郑孝胥日记》，第2703页）。2月17日，"其公子心如、鞠如皆客渝，即于今日在罗汉寺成服受吊"，金毓黻"往致唁，送赙仪两圆"，并于次日撰挽联云：

继竹汀而生，贯穿乙部源流，快心先睹潜研集；尊遗山一老，商榷胜朝文献，无分重登野史亭。

又一联云：

遗山一老不愁遗，莫论野史无亭、中州有集；兰成暮年最萧瑟，那堪燕台归骨、蜀道招魂。（金毓黻《静晤室日记》，第4100—4101页）

孟森"先生既归道山，两公子均在南，常州同乡诸公为经纪其丧，并嘱先生弟子四人点查遗稿封识之，扃贮北平先生故居"（郑天挺《孟心史先生晚年著述述略》，前引第737页）。3月4日，《晨报》刊登《孟心史先生追悼会公启》：

夫金源考献，中州榜野史之亭；本冗函经，异代重郑心之号。雠书梅涧，永寿岩扃；搜烬蕉园，并资国故。辑荆驼之逸篇，订董狐之坠绪。顾兹绝学，实曰儒珍。矧复檀桥讲学，若话都厅；秘府征闻，恍聆韶奏。瓜硎劫回，而敻简成尘；槐市风凄，而阴堂告梦。凋年奄谢，士林尽伤，讵不悲欤。武进孟心史先生，圭璋挺质，模绣饬躬，劬学早成，振奇不偶。公车甫上，旋负笈于瀛壖；黉序始开，即扬蕤于儒域。清英所被，争礼元瑜；高议无阿，难伸鲁直。洎辇暮齿，遂屏声华，菲史穷年，焚膏继晷。著有《清前史》等书，淹洽三长，阐彰五志。大业生徒，奉萧冢为宗匠；汴京学者，目祖禹为鉴公。都讲方崇，风流顿邈。遗书在列，未竟丹铅；□蕙扃华，疑湮镠玉。知几赏志，期述者于终身，昌黎解嘲，进先生于太学。追维渊轨，凄怆英尘。尔和等，缟纻旧交，琴弦永叹。念典型之未沬，慨耆旧之先薵。玄亭虽迩，俄泯光仪；青简尚新，倏更尘世。敬卜良辰，为营哀奠。缛帷冰雪，请陈思旧之铭；梓里烽烟，应有招魂之所。共钦潜德，来酹生刍。谨启。发起人陶湘、董康、汤尔和、傅增湘、赵椿年、黄孝平、黄颖士、冯祖荀、周作人、于宾轩、谢霈、陶洙、俞崇智、盛铎、唐景和、瞿长龄、郁泰然、沈逢甘、刘志敿、陶北溟、周禹川、顾雅德同启。择于国历三月十三日（夏历二月

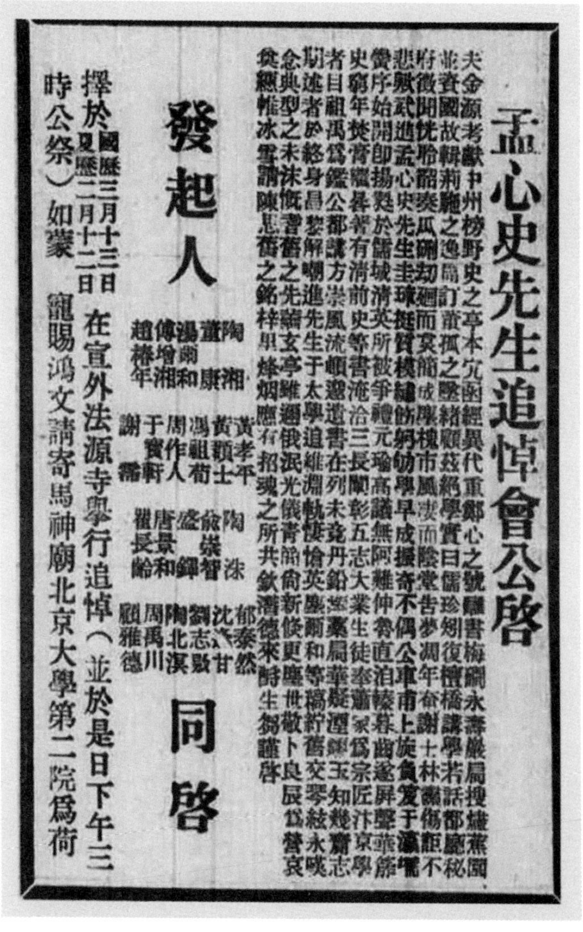

《孟心史先生追悼会公启》

十二日）在宣外法源寺举行追悼（并于是日下午三时公祭），如蒙宠赐鸿文，请寄马神庙北京大学第二院为荷。

此则公启在报纸上连载数日，文字内容一致，惟发起人排名次序稍有小异而已。在追悼会当日，"到者可二十人，大抵皆北大同人，别无仪式，只默默行礼而已"。周作人撰写了一副挽联：

词曰："野记偏多言外意，新诗应有井中函。"因字数太少不好写，又找不到人代写，亦不果用。（周作人《知堂回想录》，第460页）

联语之内"野记当谓其最喜欢读的《心史丛刊》，新诗则是指病中书于日记感愤的诗了"，而且"暗切'心史'别名，允称佳构"（谷林《孟心史》，前引第58页）。

"孟心史先生追悼会"之后，由商鸿逵诸人"护送灵柩南下，希望将先生归葬故里，但因战火已燃，道路阻隔，只得将先生灵柩运回北平，安葬于万安公墓陵园中"（商传《〈明史讲义〉导读》，见《明史讲义》，上海古籍出版社2002年版，第23页）。吴晓铃说：

我参加送葬，路经天安门时，正有一队日军在那儿操练，有人拿它作背景还拍了一张照，老人地下有知，当会高吟他那句"城郭人民旧乡国，令威归来一叹息"。（吴晓铃《北平的"钱诗人"们》，见《吴晓铃集》第4卷，河北教育出版社2006年版，第109页）

12月6日，国民政府行政院在重庆召开会议，讨论决定"褒扬已故北京大学教授孟森"：

> 教育部呈北京大学故教授、清史专家孟森（字心史），早年致力于政治、经济、法律之学，中年以来，专心掌故考据，著有《心史丛刊》，近更致力明清史，著《满洲开国史》。最近编著《明元清系统纪》，全书约六十册，已出一九册，仅及三分之一。不幸于本年1月在平逝世。其道德文章，久为士林所景仰，足为后生表率，请予褒扬案，决议：院令褒扬。（《政院昨开会议》，见1938年12月8日《西北文化日报》）

教育部在"奉令后，除遵照褒扬外，并令饬所属一体知照"（《教部褒扬清史专家孟森》，见1940年6月24日《青海民国日报》）。

"驱逐仇寇复神京，还燕碣"，1946年10月10日，北京大学在北平举行了复校开学仪式，胡适在训话中说道：

> 孟心史先生、马幼渔先生、钱玄同先生皆在沦陷

期间替中国保全了清白和忠贞而逝世了。还有许多职员冒着种种困难替学校保留财产。……这是八年中的吃苦和坚忍的精神遗产。（澄江《北大开学典礼》，见1946年11月3日《浙江日报》）

对孟森的评价相当地高。不过，孟鞠如却认为其父"大节有愧"：

> 俗云，金无足赤，人无完人，瑕瑜互见，方近实际，心史一生，优点不宜夸大，缺点不必隐讳。……其于日寇之深恶痛绝，何待多言，终以老病之躯，屈于强暴，不克以性命相搏，又何必深究，为之戴帽定性哉！（孟蔚彦《孟家的故事》，第103—104页）

或许正是基于此种偏见，孟鞠如在世时"很少"谈及孟森，则为世人真切了解孟森其人其事设置了人为的屏障。

六

孟庆瑞说，"祖父（孟森）在钟楼湾、北药王庙、小石桥、李广桥和张旺胡同有几处房产，他去世后，淑琴婆婆就是依靠这些房产为生"。1946年3月5日，郑天挺在北平拜访过顾淑琴：

　　五时至东四牌楼三条胡同一号见孟心史夫人，知其近年甚窘。房产凡两处，一处已卖，其一即现所居者，又为敌人强据，每月给租金二百元，胜利前半年不收租金，催其移居，然至今仍未迁，两公子均在南中，亦无馀力相助也。日人均已集中，不知何以此数人独迟迟，俟其迁出，房租或足自赡。（《郑天挺西南联大日记》，第1157—1158页）

而朱光潜也说：

　　我知道北京大学另一位同事孟心史先生在北平失陷之后，曾经被日本人逼迫解释北大所藏的一幅蒙古地图，事后并且挟持他去照了一个像。日本人也想收买他，用很高的价钱去租他一座很坏的房屋。后来孟先生临死时对妻子别无嘱咐，只是叫不要把房子租给日本人。（朱光潜《再论周作人事件》，见《朱光潜全集》第9卷，安徽教育出版社1993年版，第10页）

　　自孟森病殁后，顾淑琴失去了生活依靠，日子过得每况愈下，最终不得不变卖房产以维持生计，所馀一处“即现所居者，又为敌人强据”，苦况可知。当日，郑天挺还向顾淑琴打听了孟森遗稿的下落：

> 孟先生遗著尚多，稿存于家，惟《明元清系通纪》
> 失其中间两册，不知能复得否，余允复校后为之整理
> 出版。（《郑天挺西南联大日记》，第1158页）

约一阅月，4月3日，郑天挺以"孟心史夫人约往晚饭，
有商鸿逵，商整理孟先生遗稿及付印事"（《郑天挺西南联
大日记》，第1168页）。

其实，早在1938年2月，即孟森逝世后不久，郑天挺
对其遗稿就甚为关心：

> 先生治明清史为当代第一，所著《明元清系通纪》、
> 《清史汇编》，皆未观成，尤为可惜。余不学，往日
> 所作，颇得先生奖饰。必努力设法续其书，以报知己
> 也。（《郑天挺西南联大日记》，第16页）

吴春晗听闻郑天挺"将完成孟心史先生遗著，慨然欲
以其所抄《清实录》相赠"，故郑天挺"偕莘田，访吴春
晗。春晗任教于云南大学，旧治明清史，钞《朝鲜实录》
八十册存北平。近闻余将续成孟心史先生之作，欲举以为
赠，谈甚快"（《郑天挺西南联大日记》，第54、57页）。

郑天挺还认为：

> 孟心史先生著作，以晚年《明元清系通纪》为最

精湛，可谓前无古人，后难继者也。《丛刊》三集凡十五则，尚是先生中年之作，大抵钩稽旧闻，推阐遗事，而脉络分明，年次不爽，此其苦心处也。毛子水来，谈及往时尝劝心史先生排比明清史事，以续毕氏《续通鉴》，心史先生未及应。今日子水再三促余为之，不觉心动。（《郑天挺西南联大日记》，第124页）

在此之前，金毓黻曾认为《明元清系通纪》"恐无人能续成之矣"（金毓黻《静晤室日记》，第4100页），而郑天挺认为只是"难续"，尚可"努力设法续其书"。但事实上，因战乱频年及庶务羁身，郑天挺未尝续成其《明元清系通纪》，只写就了一篇"纪念孟心史先生文字"《孟心史先生晚年著述述略》。后来是由"商氏（商鸿逵）不负师命，日积月累，至二十世纪六十年代初将是书补苴完稿，成一全帙；可叹'文化大革命'运动作，心史原稿及商氏补足本尽遭毁弃，不可复问。今存者仅刊印之《前编》四卷《正编》十五卷而已"（《〈明元清系通纪〉出版后记》，中华书局2006年版，第1653页）。

1958年，"孟心史先生遗著七种，全稿约数百万言，已由商鸿逵先生编次点校完毕，定名《心史丛书》"，内容除了《明元清系通纪》，还有《明清史论著集刊》、《明清史讲义》、《满洲开国史讲义》、《心史丛刊》、《清初三大疑案考实》、《霜猿集校订补注》，因为"不久将要出版"，商鸿逵乃请郑天挺为之作序。

在序言内，郑天挺对孟森"爱国者"身份予以特别突出，尤其是在"七七事变"以后的思想与交游，主要是与"汉奸"郑孝胥的关系，作了重点说明。在序言的最末，郑天挺说：

> 心史先生卒于1938年1月14日，年七十岁。卒后，由商鸿逵先生和其他几位先生点查遗稿，想出版而没有机会，封存起来已经十几年了。解放后，政府关心先生的著作，出版社也想重印，先生生前好友陈叔通复嘱商鸿逵先生校辑成编，在中华书局出版。是谁提倡科学研究，是谁重视祖国文化遗产，从孟心史先生遗著《心史丛书》的印行，可以得出明确的答案。至于心史先生在史学方面的贡献，我在1939年曾写过一篇《孟心史先生晚年著述述略》（见《治史杂志》，第二期），现在不重复了。（郑天挺《〈心史丛书〉序》，见《及时学人谈丛》，中华书局2002年版，第499页）

完成序言以后，郑天挺还给商鸿逵附上一封短信，提到：

> 日昨奉访，盖亦欲一知孟先生生卒年月，何处学生，有无功名，以及丛书各集内容，有无序跋、题解、

年谱之属。既未奉晤，只好暂阙。兹录承，敬请指
正并为补足之。近来出版诸书，颇少外人作序，若不
需要或内容重复，即请见示，仍恳将空白处补足后寄
还。（郑天挺《〈心史丛书〉序》，前引第499页）

而郑天挺还在信末不忘关切地问一句"孟老太太现住
何处"，其言虽浅，其情则深。可是"这封信由于学校事
多，迟迟未寄"，序言也就未尝刊发。至于孟森遗著，亦未
尝以"心史丛书"名义出版，而是改为分批分期分处付印，
并且删改甚多，其中《霜猿集校订补注》则始终未见其出
版，可见"当年政治气氛影响出版事业"（黄永年《谈中华
书局版〈明清史论著集刊〉》，见《书品》2004年第3辑）。
那么，郑天挺序言的"厚此薄彼"、"避而不谈"及信札的
"迟迟未寄"，当是有意为之。

七

1938年2月1日，郑天挺在日记之内记载：

孟邻师谈及得一月十八日天津友人函，称孟心史
先生森病逝北平，不胜悼恸。去夏先生以忧国，食不
甘味，日益瘦损。（《郑天挺西南联大日记》，第15页）

所谓"忧国"，从时间节点及历史事件看，主要指的是卢沟桥事变以及北平沦陷。半年之后，孟森便病重不治了。而在孟森之前：

> 从民国十年至二十五年底，北平协和医院共收胃癌病者一百零七名。……平均患病期间为二十二月，在一年以下者，约占三分之二。最普通之主诉症状，为胃口不适或痛。其中有十二病人之病史，与患消化性溃疡者全无分别。体重大减，亦为常见之症状。（陈国桢《胃癌：一百零七病案之临床分析》，见《中华医学杂志》1937年第23卷第5期）

孟森"患病期间"也是"在一年以下者"，尚不属于特殊个例，惟其忧国与患病的前后顺序乃至因果关系，在相关叙述中，并不十分明确，究竟忧国在前继而导致患病在后，即如郑天挺所说者，以及罗常培所谓的"他（孟森）因困处危城，劳瘁忧煎，以致得了很重的胃病"（罗常培《七七事变后的北大残局》，前引第326页），抑或本身已有病兆，逢此浩劫，因而加剧，如商鸿逵说的"七七事变爆发，北京大学开始南迁。孟心史先生遭逢国难，悲愤莫已，胃疾增剧"（商鸿逵《怀念郑天挺师》，见《中国古代史论丛》第2辑，福建人民出版社1982年版，第18页），今已无从论断。

但因当时处于特殊历史时期,即使孟森死于胃癌,"对于孟森的去世,日本侵略者是绝对脱不了干系的"(孙家红《师之大者:史学家孟森的生平和著述》,见《书品》2007年第2辑),叙述者乃至研究者"各取所需"可也。

至于那幅与孟森或多或少有一点关系的"俄蒙界线图",下落又如何呢? 1938年,上海《电声》第7卷第34期附刊《快乐》之上,刊登了一条令人不甚快乐的消息"北平大学失去珍籍,损失极为重大":

> 北平大学,最近失了二件珍籍。一件是艺风堂拓片,一件是三多所藏中俄划界地图,现在都已被人搬出国门,无价珍籍,从此是人家的了。艺风堂拓片是江阴缪荃孙先生所藏,由北大以重价购得,收藏在汉花园大红楼北大第一院图书馆。至于中俄划界地图,实在就是中俄勘界的精确考证,北大教授孟心史先生曾向蒋梦麟先生说:"这篇地图应该由国家保管,北大似可不必负这收藏的重任。"那知道十年以前的顾虑,今日居然实现,中俄划界地图已被人搬走了!(见《老上海电影画报》第30册,天津古籍出版社2015年版,第297页)

据严文郁所说,"俄蒙界线图"由北京大学图书馆购入,在1936年,非1928年;而蒋梦麟出任北京大学校长,时为

1930年12月。此谓"十年以前"，不确。

尽管卢逮曾还曾不无自负地说道：

> 该图现在是否尚存北大图书馆中，抑或已运往东京，则不得而知。但我们得到抗战最后胜时，这些东西将随失地而同收获，仍为我们书库中的庋藏品，当无问题。这个我们也用不着惋惜愤恨（外交部档案中应另有正本）。（卢逮曾《从张鼓峰问题引起的一段回忆——纪念孟心史先生》）

可叹的是，1946年3月，北京大学校产保管委员会向教育部平津区特派员办公处呈报了有关校具、文物、图书、仪器损失的公函，其内除了俄蒙界线图一份及艺风堂拓片千馀件而外，另损失了古铜镜十四件、古铜印七件、孟津出土之车器四百馀件、甲骨二十馀片、北平碑志百馀件、明兵部提行稿等文献三百六十馀件。时至今日，这些校具、文物、图书、仪器似乎尚未追索回来。

第四次遇见刘世珩

胡文辉

多年以后，直到第四次遇见刘世珩的时候，我才起意去弄明白，他是个怎么样的人。

刘世珩并非无藉藉名者，但世人对于他的印象，大体只是藏书家和刻书家，或者说是文献家和收藏家，纵然不吝赞叹，印象仍是扁平的——而我也只是才意识到这一点。

一

第一次遇见他，是因为陈寅恪。

1964年，陈先生有七绝四首，题为《题小忽雷传奇旧刊本》。大、小忽雷是唐代音乐的名器，形似琵琶，《小忽雷传奇》的主角就是善弹小忽雷的宫人郑中丞，情节以"甘露之变"为背景展开。而陈先生所题的这个"旧刊本"，就是刘世珩在宣统二年（1910）据抄本刊刻的"暖红室汇刻

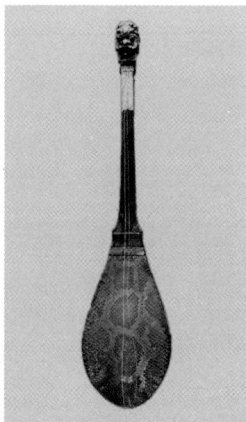

大忽雷

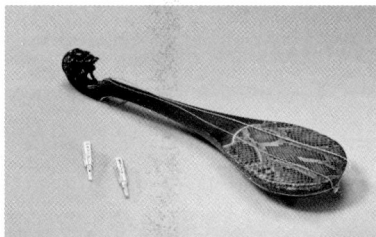

小忽雷

传奇"本，系《小忽雷传奇》的最早刊本。

  《小忽雷传奇》是由清代孔尚任、顾彩两人合作写成的。传说孔尚任是收藏了小忽雷，才以此为题作传奇的；而刘世珩则是先刊刻了《小忽雷传奇》，然后收藏了小忽雷——稍后他又收入大忽雷，大小合璧，千年唐物集于一室，是为近代收藏史上的一大佳话。因此他自号"枕雷居士"，又名其室曰"双忽雷阁"，更专门辑录有关掌故编成一部《双忽雷本事》。（据《近世古琴逸话》，大忽雷之归刘氏，是因古琴家张瑞山的"割爱"，而张瑞山之子则说是刘氏借而不还，"封官银二千两"强买去的。此外，友人私下表示，大忽雷有可能是伪物，小忽雷是否即唐代遗存，是否即孔尚任旧藏，亦有可疑。）

昔讀南部新書樂府雜錄見有唐樂器大忽雷小忽雷　事古今合璧事類備要又載之樂蓮裳陳雲伯謂並見　羯鼓錄檢南氏書無此也桂未谷云忽雷即鼉魚其齒　骨作樂器有異響經曰河有怪魚厥名曰鼉其身已朽　其齒三作忽雷之名寔本諸此客歲冬余刻孔東塘顧　天石合譜小忽雷傳奇東塘有二記謂康熙辛未得之　燕市是此器應尚存於世今年春太倉陸應庵商部大　坊言器在華陽卓氏並有譜兩本亟屬其蹤跡得之狀　為龍首鳳臆中含一珠木理堅緻雕鏤精絶項間鑱小

雙忽雷本事　貴池　劉世珩　蕙石

四百之九

《双忽雷本事》书影

陈寅恪诗《题小忽雷传奇旧刊本》的第四首云："文字能教古器新，当年盛事久成陈。檀槽天壤无消息，泪洒千秋纸上尘。"诗表面的意思，是说盛事不常，大、小忽雷如今不知下落。在《陈寅恪诗笺释》里，我搜集了不少近人题咏或记述"双忽雷"的文献（此后又陆续发现了更多），但对于"檀槽天壤无消息"这一句，却认为"当谓小忽雷乐器原物在孔尚任以后不知下落"，"陈氏此时或一时失记"。现在再细想想，这个判断实在是个大错！陈先生既是给刘世珩刊刻的《小忽雷传奇》题诗，刘氏收藏大、小忽雷的掌故实在没理由"一时失记"，故"檀槽天壤无消息"应指大、小忽雷在刘氏之后不知下落才对，那么，所谓"当年盛事"云云，就该是指刘氏收藏大、小忽雷这一近代著名掌故了。

《陈寅恪诗笺释》初稿的完成，差不多在二十年前了，那时我根本无暇顾及刘世珩其人，大约只当他是个收藏家吧。

二

第二次遇见他，是通过货币史。

最近就刘世珩事翻检资料时，发现彭信威《中国货币史》第八章"清代的货币"部分，在讨论清末币制改革时，有几页涉及刘世珩。当时列强皆采金本位制，而中国是白银本位，此时白银贬值，中国货币对外兑换吃亏，故时人多主张改革币制，也采用金本位制。彭信威列举了诸家建议，第一位就是刘世珩："第一是光绪二十九年（公元一九〇三年）江苏候补道刘世珩条陈的《圜法刍议》，主张采用金币本位，铸造五圆、十圆、二十圆的金币，及银铜的

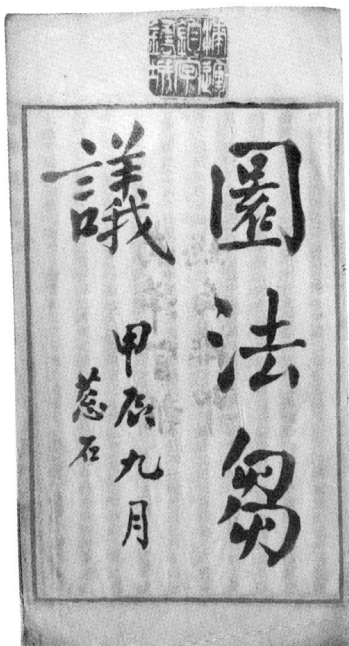

《圜法刍议》书影

辅币，并设立国家银行发行钞票。……他没有说明如果金银比价变动时怎么办。"但彭信威对当时中外人士的建议皆评价不高："当时不止反对金本位的人不懂得货币学，就是主张的人，也都是外行。刘世珩所主张的金单位竟根据银两来决定，并且认为这是最要关键，似乎有意要维持金银间的比价，使银币成为一种实币。这样如何能说是金本位呢？……"当时风气始开，当事人自有时代局限，可不必论。

彭信威引述刘世珩的《圜法刍议》，依据的是《清朝续文献通考》。前些时候，我在孔夫子旧书网买到了《圜法刍议》的单行本，扉页题"甲辰九月　葱石"，扉页背后署"南洋官报总局排印"，葱石是刘世珩的字，此书是甲辰年刊印，即光绪三十年（1904）。彭信威简单录出了《圜法刍议》的条目，但对照原本，实有错误。原本大旨共五条，彭氏所列的第二至第五条，其实是原本第一条中的小目，同时彭氏漏掉了原本第五条"请昭示大信于天下以期圜法之通行无阻并收回应有之利"。

此外，民国时陈度所编资料集《中国近代币制问题汇编》（币制部分）里，收录了刘世珩的《银价驳议》，系针对美国人精琪（J. w. Jenks，又译作精琦）的《中国新圜法条议》逐条而作的驳论，另有《中国新圜法条议诠解》（此外书中还收入刘氏的另一篇《划一币制议》）。检《圜法刍议》自叙，刘世珩自谓针对精琦氏的条议"绅绎奥隐，逐条签说以复之"，当即指《银价驳议》之作，正是在此基础上，他又进而撰写了《圜法刍议》。

《中国近代币制问题汇编》在《银价驳议》之后有编者按："本书甲辰二月（清光绪三十年）南洋官报局排印，传世甚稀，今自上海涵芬楼藏书抄出。"由彼例此，我买到的《圜法刍议》，应该也是"传世甚稀"的——而我居然还能买到，可见刘世珩其人还是比较冷落的吧。

强调一下，关于刘世珩在清末币制问题上的撰述，我现在的所知，是得自最近的"补课"。不过，我读《中国货币史》却相当早，据批注是在2007年，当时在书里第二处的"刘世珩"三字下划了红线——这说明，当时我对他已有点注意了，想来应是对他出现在货币史著作里感到有些讶异吧。

也就是说，这可算是我第二次遇见刘世珩，但只是略一迟疑，就擦身而过，而且过后竟完全忘记了。

三

第三次遇见他，跟佛教史有关。

我很是重视北魏杨衒之的《洛阳伽蓝记》，觉得不止史料价值极高，文笔亦流丽雅洁，似更在《水经注》之上。可能因此，我连带注意到了一部《南朝寺考》。我应该是先注意到书，才注意作者的。当然，作者就是刘世珩。

《南朝寺考》自序略云："余童时读杜樊川《江南春》诗，有'南朝四百八十寺'语，因慕南朝佛寺之盛。……今此名曰《南朝寺考》，以实樊川之语。江宁由隋以前，六为帝都，乃自古必争之地。洪杨乱后，昔时著名古刹，皆荡然无遗，虽有一二规复旧观，其庄严结构，俱不逮古，且并其榜署移易，川湮谷塞，迷其所向。自夫新学一启，多牒请寺观改为学堂，恐此后举此区区者，益不可踪迹矣。余之亟成此书，所以纪六朝之旧刹，著高僧之轶事。惜仅

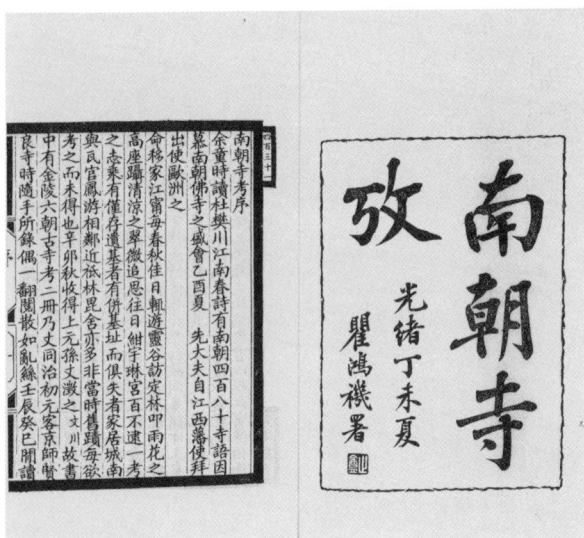

《南朝寺考》初刊本书影

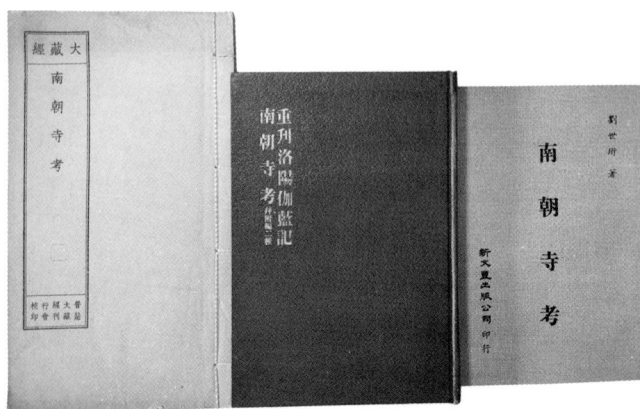

《南朝寺考》重刊本书影

得樊川所言之半。"可见其撰述的远因，颇有关乎杜牧的名句，等于是一部《"南朝四百八十寺"考》（若按当今公号体，书名就可拟为《南朝真的有四百八十寺吗？》）；至其撰述的近因，则是针对近世太平天国以至新学兴起以来对江南佛寺的破坏，这又跟《洛阳伽蓝记》的写作动机遥相感应了。

　　在具体撰述上，此书是依照前人孙文川《金陵六朝古寺考》的框架完成的（在此之前，陈作霖已对孙著做过初步整理，并改名《南朝佛寺志》刊行），"今取孙氏之书，而以余前所校录者，一一附丽其内。仿元吴礼部师道《战国策鲍注补正》之例，均以案语概之。其孙氏原案，改为原注，陈氏之言，则名陈云，不相杂厕。……夫孙氏筚辂初开，有首事之功；伯雨熟习乡故，略有谠正。余则批郤导窾，因其故然而游刃有间，恢恢乎諜然易解"。所谓"《战国策鲍注补正》之例"，就是传统"订补"的体例，以孙著原文录于前，自己搜集的史料及有关考订附于后。孙著在性质上只是一个纲目，不引原始文献，而刘世珩"考证"部分不仅分量很大，实际上更改变了著作的性质——从现代学术观点来说，有了这个"考证"，此书始成其为"学术著作"。因而刘世珩另起书名，而且径署己名，是有他的理由的。而沈曾植序谓之"博采唐宋以来诸家地理书条，补事证理……甚博而有要"，也算不得是吹捧了。

　　大体来说，此书在体例上仍是传统的，且偏于编纂，积累之功多，发明之意少。不过在主题上，此书以一地之寺庙为单位作文献考掘，带有城市历史地理的性质，与清人徐松的名著《唐两京城坊考》有趋同之处，在传统学问来说皆可谓另类，视之为历史专题研究的一个突破亦不为过。

《南都寺考》我手头有四种，应该已包括所有的早期版本了。最早的是光绪丁未（1907）的线装刻本，瞿鸿禨署签，版心署"坚匏丛书"（不过我只有此版的线装影印本）；其次是普慧大藏经刊行会民国三十三年（1944）校印的线装铅印本——后来的台湾明文书局1980年刊本、新文丰出版公司1987年刊本，都是据此本影印的；其中前者属于《中国佛寺史志汇刊》系列，据日本《大正藏》收入了佚名《梁京寺记》、段成式《寺塔记》作为附录，更有学术价值。

在《现代学林点将录》里，我对自己认为最重要、最有代表性的学人作了一个总结，等于是一个集体评传；另一方面，我同时也颇留意那些有价值而声名不彰的学人，偶有知见，就记下名字和线索，列入"现代学术史上的黯淡人物"或"现代学术史上的失踪者"之类清单里。由于《南朝寺考》这本专著，刘世珩也是名列其中的。

尽管如此，我并没有功夫真正做这一工作，刘世珩也只是一个有待研究的人物，我并没有因此停下来，专门探究一下他的生平。

直到我第四次遇见他。

四

第四次遇见他，说来有点话长，请容我先绕点弯子。

我很喜爱永井荷风写东京旧迹的文字，手头已有汪正球译《断肠亭记》、陈德文译《晴日木屐》、林皎碧译《荷风の东京散策记》等多种版本；最近随意收入了一本陈德文译的《永井荷风散文选》，1997年刊行，看起来是个"俗本"，但一检之下，原来是依野口富士所编《荷风随笔》译的，篇目选择甚精。于是又重读了一遍。

在读这册《永井荷风散文选》的时候，才注意到，荷风经常提到父亲爱写汉诗，家里收藏中国字画甚多。遂起念略一搜索，才知其父名永井久一郎（号禾原、来青阁主人），是日本近代有名的汉诗人，跟中国人交涉甚多。再到孔夫子旧书网查检，找到他的两种作品：一是诗集《来青阁集》，一个是日记《观光私记》（复印本）。于是立马下单购入。

明治四十三年（1910），久一郎应邀到南京参观南洋劝业会，一路游历，会见中国名流，留下了逐日记录的《观光私记》。就是在这部书里，意外见到了刘世珩的身影。

是年五月二十三日，久一郎一行到达天津，在接待的中国官绅里，就有"财政监理官刘世珩"，在当日晚宴上，"刘世珩以邦语述欢迎辞"——从上下文来看，应指刘世珩用日语致辞。到了二十五日，永井又有专门记录："……未开宴时，小憩池亭。刘监理官来问森槐南安否，余逢葱石

刘世珩像

于宴席已三日六回，未亲交语，今熟视风丰，如有旧面识，未知为葱石也。余试问曾在南京否，而见其所携扇头有'葱石仁兄'云云文字，又问识葱石先生耶？笑曰：'刘葱石即我也。'余曰：'阁下官贵名盛，风丰亦有异前年者，故不得认识矣。'葱石曰：'君亦十年前之旧友也，然须发半白，面貌比往年肥大，故不审其为禾原大人。'于是大笑握手谈，自刘氏藏版《金石契》等之事，及东京玉池仙馆雅集之旧，言欢不尽，盖文坛之一佳话也。"这里提到的《金石契》，先按下不表。

由此记述可知，刘世珩早年曾东渡，跟永井也是旧识，所以此时才能以日语致敬。

至于《来青阁集》，所见久一郎与中国名流的交际尤多，这且不论。只说有关刘世珩者，凡有两处：一是卷五有七律《玉池仙馆席上酬刘葱石观察世珩兼言别即次其临江楼原韵》，一是卷九有七绝《药雨又有绝句次韵答之兼赠刘葱石（现在职清理财政监理官）》，其中前诗如下："人生易致是公卿，只手谁支大厦倾。瀛水微波连北海，天河无影耿长庚。酒衣凉透芰荷气，诗壁秋催蟋蟀声。今夜对床明日别，金陵风雨约重盟。"虽属应酬之作，但可以看出久一郎对刘氏应是很看重的。——此诗题目说到刘氏有"临江楼原韵"，联系到久一郎在《观光私记》里也提及，他写诗赠方若（药雨）和刘氏，"葱石即用前韵题诗扇头赠别"，可知刘氏作为旧式文人，也是能作诗应酬的，只是可能并不当行，故似乎未见流传。

永井久一郎所记的这些点滴，自谈不上如何重要，但应该是刘世珩为官时少见的记录了。故虽片言只语，却触发了我探究他生平的一点念头。

以下，就近时所搜集的若干文献，略略讨论刘世珩的生平事迹，大抵其常见者略之，其未见者详之。

首先应该回过头，抄一下刘世珩的简介。

刘世珩，安徽贵池人，字聚卿，又字葱石，别号楚园，别署灵田耕者、枕雷道士；父刘瑞芬，受知于曾国藩、李鸿章，以军功官至广东巡抚。刘于光绪甲午（1894）中举，历任江宁商会总理、湖北造纸厂总办、天津造币厂监督、直隶财政正监理官、度志部左参议等职。辛亥革命后赴沪，1926病卒于上海，享年五十二岁。

刘世珩最受世人关注的事迹，是藏书和刻书方面。伦明《辛亥以来藏书纪事诗》有其人一席之地，并列出其所刻主要书目；郑伟章先生《文献家通考》卷二十六有其条目，另有论文《"得一书必为之刻，刻一书必求其精——刘

劉世珩

始祖　諱念　元官學諭遷
始祖　姓氏周　居貴池縣
一世祖　諱十二　遷居開元鄉南山村
一世　祖姓氏鐩
二世祖　諱桂二
二世　祖姓氏閎

字聚卿號繼楚亦號季芝行五光緒乙亥
年九月初五日吉時生安徽池州府貴池
縣學附貢生民籍花翎分發直隸試用道
著有金石腤刻有金石圖說聚學軒叢書

八世叔祖廷玉
七世叔祖晏堂
九世伯祖大喬　縣知縣
十世叔伯祖可相署丞　可輔
大義　大忠　大路　大部　大通

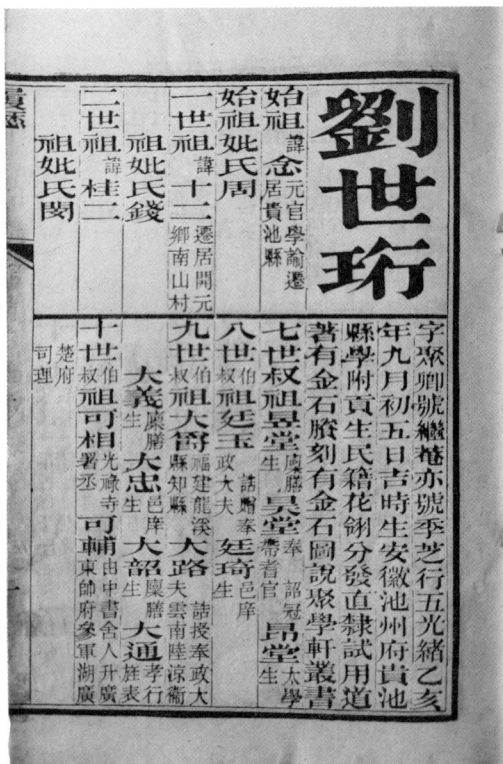

刘世珩乡试硃卷

世珩聚学轩刻书考》。此皆易见，兹不细述。

　　关于其生平，切近的记述似乎只得一篇，金天翮（松岑）的《刘世珩传》，见钱仲联主编的《广清碑传集》卷二十。此传是旧式体裁，但述事甚扎实。据其所载，刘世珩考中举人后，即得到两江总督刘坤一的赏识，让他和张賽一同负责新设立的江南商务局，"癸卯春，日本设第四次内国劝业博览会于大阪，先期简邀我国派员挈品赴赛。楚督端方会商坤一，电政府派世珩往。赛事毕，复往东西京、名古屋、日光、北海道诸处考察，归乃以四事请：曰组织江宁省城商会。盖仿日本各地商业会议所法，集各业自为研讨，以谋兴革，蕲未来之进步。曰设立商业中等、高等学堂。盖仿日本大阪商业高等学校之成规，易吾国商肆师徒授受之旧习，代以成文教育，造就专门应用之材。曰建立江南商品陈列所，曰建立劝业工艺局，一则缩博览会之雏形，用以比较国内商品之良窳，策进国际之商业；一则

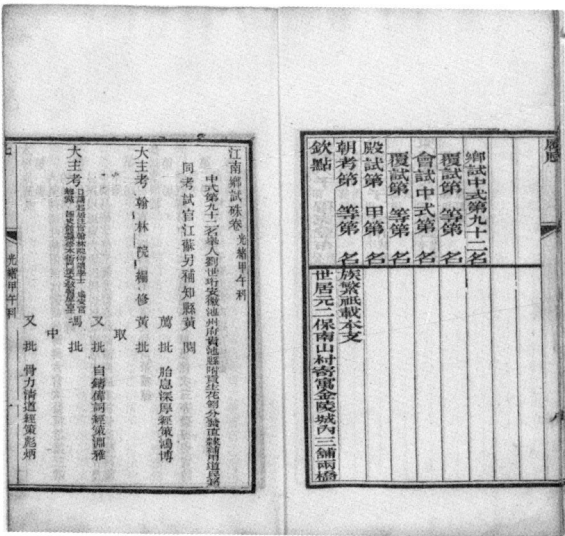

刘世珩乡试硃卷

取机械代人力，用革我国工场久锢之蔽，而启世界工艺之新规也。书上报可。……世珩遂以江督奏，总理江宁商会，下章则于各省，其后上海、南通接踵成立。……而南洋官报局、江楚编译书局、两江学务处、裕宁官银局、江宁马路工程局、两江师范学堂、江宁实业学堂等均先后必世珩兼任。世珩振绪决流，一无凝滞"。可见其早年任事之多，治事之勤，完全是一个入世能吏的形象。而《观光私记》提及他曾到日本的事情，由此亦可了然。

不过，比起他在官场的冒起，我更感兴趣的是他在官场的结局。据《刘世珩传》，由于他熟悉货币问题，得到大员赏识，遂提拔至中央负责财政工作，现时兼任造币事务，直到辛亥时，仍兼任湖北造纸厂（为造纸币而设）之职，"武昌革命起，哗焉。世珩避兵走沪，不复有用世志矣。"只是一句"不复有用世志矣"，就略去了历史的天翻地覆和个人的身世沉浮，当然是很不够的。

我手头有一册《双忽雷本事》的复印本，跟《南朝寺考》初版一样，版心也有"坚瓠丛书"字样，书末署"宣统庚戌十二月编　丁巳七月重订　己未九月钱塘张砚孙写定　京师龙云斋安次王介臣刻"。宣统庚戌即1910年，丁巳即1917年，己未即1919年，易言之，此书编辑时仍是大清的天下，重新整理和出版则已是民国的旗号了。书前是林纾写的序："呜呼！辛亥之去庚戌一稔耳。……庚戌之冬，大雷甫归参议，而辛亥之秋，变起鄂中，已无复有兴元之望。余知参议摩抚双雷，其悲哽又当何如矣！……孔东塘生明季，固有心人也，得小忽雷而制为传奇。参议自云因刻传奇而遂得其器。今参议为先朝之遗老奔走往来，其伤心故国，有甚于东塘之哀明，故于双雷愈形珍惜。"刘世珩先后做过度支部右参议、左参议，故林纾以"参议"称之。由林纾的感叹，足以揭示出《刘世珩传》"不复有用世志矣"这句话背后的历史情境和个人情怀。一句话，刘世珩是有遗民情结的。事实上，以其父的仕途和他本人的仕途来看，他选择做遗民，毋宁说是十分自然的。

另一方面，刘世珩也确有做遗民的资本。他家里饶于资财，故能断然引退，且引退之后也不必跟新的北洋政府拉扯关系（像冒广生那样既做了遗老又做北洋的官）。刘世珩虽是遗老，却是低调的遗老、消极的遗老，似没有参与复辟活动（像给他写过序的沈曾植那样）；同时，可能因不长于诗文，也没怎么混"遗老诗词网"，通过彼此唱和以显示其"存在感"。他可能是刻意地把精力都放在刊刻文献上。雷梦水《近代学人室名小考》提到他时有云："……家资甚富，性喜藏书刻书，与缪荃孙最为友善，往来密切，因精于校勘考证之学，荃孙常勉励其校勘古籍，有惠后学，因而广收宋元旧刊，选辑善本，雕板印行。"就是这样，他成功地以文献家的身份彻底终结了原来的政治形象。如果说，遗老大都将诗词作为精神的避难所，那么他就是将文献作为学问的桃花源了。

关于他的刻书，据郑伟章《刘世珩聚学轩刻书考》一文的总结，以五大丛书为最大宗："聚学轩丛书"六十种，"贵池先哲遗书"三十种，"玉海堂影宋丛书"五十二种，"宜春堂影宋巾箱本丛书"十种，"暖红室汇刻传奇"含附录共五十种。每部丛书各有侧重，各有主题，尤以"聚学轩"、"暖红室"两种，一雅一俗，最为学界艳称。至其校勘之细，刷印之精，更不在话下了。这些皆相对为人熟知，就不仔细讨论了。

以下再略述他与近世人物交际的几个片断。

光绪壬寅（1902），刘世珩刊印了清人张燕昌（号芑堂）的《石鼓文释存》，书后有刘氏跋，附带提及："芑堂《金石契》，世间罕传，珩已得足本，于丁酉刻成……"此即前述永井久一郎《观光私记》里提到的"刘氏藏版《金石契》等之事"。又，《石鼓文释存》书末署"蒙古崇朴丹徒柳诒徵覆校"，则是有关史学家柳诒徵的一个小资料。检《劬堂学记》，据柳诒徵《记早年事》及其《年谱简编》，可知他在光绪二十七年（1901）任江楚编译局分纂，当时刘世珩是该局总办，这显然就是柳为刘氏校对图书的人事背景。

检许全胜编《沈曾植年谱长编》，也有一些刘世珩的丛残记录。其中光绪二十九年（1903）内藤湖南致沈氏函有谓："顷从刘葱石、李拔可二君得知，先生出守外部，南国溽热，未悉起居佳否？《东国通鉴》一书，敝国刻板尚存，而今日传本殊少。今春属书肆刷印数分，今托葱石、拔可

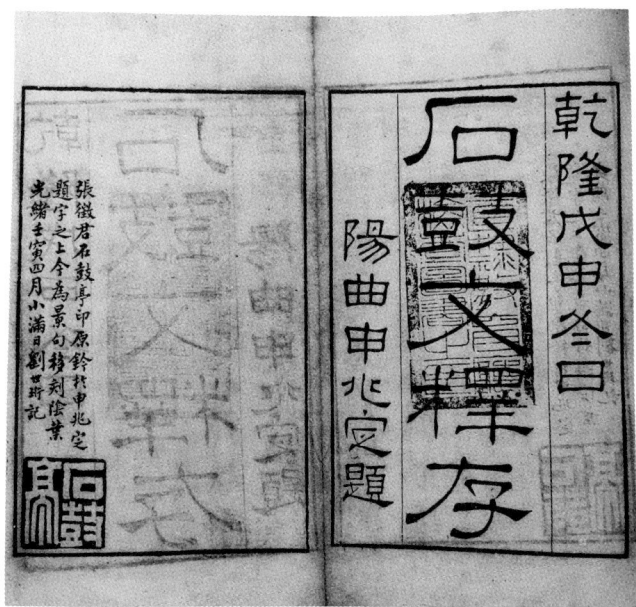

刘世珩所刊书一例

二君，谨将一分奉寄。"可知刘氏跟内藤湖南也打过交道。

南通沈燕谋早年追随张謇、吴寄尘，从事纺织事业，因而与刘世珩也有一面之缘。据港版《沈燕谋日记节钞及其他》，沈在1963年10月1日有段回忆："八年午节，寄师赴戈登路刘聚卿丈私邸贺节，余幸获随从，得登玉海之堂。壁间书画，无不与端节有关，而几席之所陈列，都钟鼎彝器及诸骨董不知其名者，一时在余心目之中，大有河伯望洋兴叹之感！于兹有物焉，厥号'忽雷'，当时但知其为乐器，他则奇器罗列，目迷五色，未暇请益辨识也。"沈燕谋回忆的是民国八年（1919）的事，他说的"玉海之堂"，就是刘世珩的收藏之所——他曾得到两部宋版《玉海》，故名其藏书处曰"玉海堂"。这一记录虽甚泛泛，但也是关于刘世珩收藏的难得印象，故亦附录于此。

我对刘世珩其人其事的考查，姑止于此。事实上，我本未打算考查他的全部。

五

现在我觉得，刘世珩的形象大体如是：

他不止富于藏书，精于刻书，本身也是学者，所编辑的文献皆深具学术性，留下的专门著作虽少，但一部《南朝寺考》，也足以传世了。他是堪称一个学者的，而又不仅仅是一个学者！他本是个务实的干才，通世务，知新学，在商业上、在财政上都有不一般的建树，非仅钻故纸堆而已。他也不只是学者和官员，身逢世变，他还增添了一个遗老的政治身份。在清朝末年，他已是中央财政新晋的要角，只是革命的浪潮没给他更多的时间和机会（即使给他更多的时间和机会恐怕也无济于事），永井久一郎期许的"人生易致是公卿，只手谁支大厦倾"终未成为现实，及至辛亥降临，他即翩然退出江湖，从此不问政治，只弄学问。可是，在西潮汹涌而至的年代，他所从事的学问又不免显得过时，成了与"主流"或"预流"脱节的学问。因此，他在政治上和学术上实有双重的寂寞，是双重的边缘人——当然，他那一代有着遗老身份的学人大抵皆是如此。

刘世珩大约没有特意突出自己的遗老身份，也没有特意突出自己的学人身份，他不但将自己的政见隐藏在文化面具的背后，也将自己的学问隐藏在刻书家面具的背后。最终，他活成了我们后人眼中的样子，一个只知汲汲于古典文献的人。

由刘世珩若面目多变的一生，我还有一点引申的随想。

在近代以前，社会的专业分化程度尚不高，人的角色分化程度也不高，地主、士绅、官员、诗人、学者乃至收藏家等种种角色，是可以集合于一个人身上的。在我们这个专业化的时代，"道术已为天下裂"，几乎每个人都只能拥有一副面具；而在刘世珩的时代，他们却可以拥有很多副面具——刘世珩只是这些人里的一个，并且也不是最突出、最杰出的一个。所以，我要在第四次遇见刘世珩之后，才差不多弄清楚他有多少副面具。

辛亥革命发生的地方，也就是传说中黄鹤一去不复返的地方，此后西风压倒东风，刘世珩的时代，亦如黄鹤楼上的黄鹤，是往而不复了。

是的，一切的进步，一切新时代之取代旧时代，都不可能是单纯的"去其糟粕，取其精华"，总免不了会失去一些旧时代的美好之物。这也是无可奈何的吧。

周肇祥退谷得失记

宋希於

退翁自述退谷之得与水源之争

北京西北郊的名刹十方普觉寺，位于今日的国家植物园（原称北京植物园，2022年4月18日改现名）内，俗称卧佛寺。卧佛寺再往西北，寿安山西麓有条数百米长的山谷，名唤樱桃沟。樱桃沟溪水淙淙，树木苍翠，山石耸峙，风光优胜，久享盛名——据说八百馀年前金章宗即于此建有看花台，至明代辟有诸多佛寺，明亡后渐趋荒芜。清顺治年间，孙承泽退隐于斯并建筑别业，乃重振旧貌，樱桃沟更因他的别号退翁而别称退谷。民国初年，浮沉宦海、娴于诗文、醉心鉴藏而寄情山水的周肇祥（号养庵，亦号退翁）得到樱桃沟，遂又称周家花园。

《掌故》第八集、第九集曾连载史睿先生的鸿文《周肇祥与北京琉璃厂》，于周肇祥的收藏生涯勾勒细致。周肇祥这个新旧转变之际的典型人物，一生关节中还有许多轶事不为人知，如他到底怎样得到樱桃沟，就众说纷纭。

高拜石所撰《周养庵巧赚占退谷》（收入《古春风楼琐记》第十七集，台湾新生报社1981年9月第4版），写了个周肇祥灌醉老和尚偷走樱桃沟地契的离奇故事，还说："其后有一个福建籍的名小说家陈慎言陈十二爷，鄙周之为人，曾写一部连篇小说《斯文人》，就是记此事的经过。"许宝蘅日记民国九年庚申二月廿二日（1920年4月10日）记录与友人陈任中（字仲骞）同游退谷时闻自周肇祥本人的说法："养庵谓此山本厉监所有，三年前始归养庵，厉监生前供俸内廷，以纯谨称，卧佛寺旁有庙，即厉监退职后备养之所……"（中华书局2010年版，第二册）《北京植物园志》则称："1918年，周肇祥从清朝遗太监郝常太手中弄到了盖有龙头大印的皇家地契，在樱桃沟四处树起了他的'静远堂界碑'。"（中国林业出版社2003年版）对这三种说法，李军先生已在《退翁亦堪怜》（原载《东方早报·上海书评》2014年5月25日，署名申闻；收入《春水集》，广西师范大学出版社2018年版）中做了辨析，认为高文"不可当真"，许记"更为可信"，且旁及周肇祥"昔年曾与农民争水源"（邓之诚日记1953年10月29日语）之说，指为1918年与青年会美国人格林因抢占水源发生矛盾之事，叙说精到。

但李文说"对于退谷之得、水源之争，并未见周肇祥本人的记述"，似不知周肇祥有一部《鹿岩小记》，专记樱桃沟之事。此记沦陷时期连载于北平的《国学丛刊》第一、三、七、九至十五册（1941年3月、1941年7月、1942年2月、1942年7月、1942年9月、1942年11月、1943年2月、1943年8月、1944年7月、1945年5月出版，署名退翁），开篇就提及退谷之得：

> 中华建国之七年秋，余自湘回京，得脑病。遵医嘱，入寿安山养疴于广慧观，古之黑门庵也。陈太监宗寿一见如故。病痊将别去，其徒郝诚泰、许修然来致辞，谓陈师愿余与斯山结香火缘，春秋佳日，得相过从。余重违其意，因指大涧西林木森秀处，昔人曾于兹卜筑者，占数亩地，结庐奉佛焉。陈宗寿遂将东自立石沟、西至水源头、上抵岭、下及涧书券赠与，报以六百金，是为鹿岩精舍经营之始也。白鹿岩当涧右，巨石下覆，中空若岩，辽时有仙人骑白鹿于此，故名。按《春明梦馀录》，孙承泽于山中建退翁书屋，因号退谷。以地位考之，正当卜筑之处。吾今亦号退翁矣。

此为1918年之事。

周肇祥自己的撰述未提及"厂监"，而指"书券赠与"樱桃沟而他"报以六百金"的是太监陈宗寿，又称"其徒郝诚泰（按当即《北京植物园志》中的'郝常太'）、许修然"亦参与此事。许宝蘅曾说"卧佛寺旁有庙,即厉监退职后备养之所",显即《鹿岩小记》中提及的广慧观,后来亦属周肇祥所有。我在"北京数字档案馆查阅系统"未检到有关樱桃沟的档案,却检到《内四区〈圆〉通观、西郊区广慧观、南郊区长生观登记庙产的呈及社会局的批示》(档号J002-008-00526),见其中各表、各文称"郝诚泰赠与周养庵呈局有案","查前该观在公安局登记系以太监郝诚泰名义,此次表报不符,询据郝诚泰声称业于十九年废历冬除塔院六亩外,全部赠与周养庵,周奉香资一千五百元等语",并提及有"民国二年九月初三日厉理宾原红契一纸,民国二十年一月七日郝诚泰卖与周静远堂报税红契一纸"云云,乃悟"厉监"即厉理宾,其与陈宗寿、郝诚泰等同为太监,关系似甚密。清末民初樱桃沟一带产权与这些太监有关,而终为周肇祥所得。

《鹿岩小记》续述樱桃沟营建之种种:

> 明年春,从事建造。山腰平地不足用,因开山叠石,以广其基。建屋三楹,引泉环绕,承以石渠,于东南置石龙口,悬流下注,杂木蓊蔚,远望如瀑布之落树杪也。下为池,水自此入地,伏流而出,会西北沟水,趋石垣穿窦出,仍泻涧中。寿安虽非极峻,而大岭绵亘,最高处出海面一千八百尺。朝霏夕烟,光景变幻,可以看云,可以听水,因题正屋曰"水流云

在之居"，无补老人赵督部尔巽为书额榜之。临涧筑台，上有阁一间，曰"观源"，草书自题额。东南筑亭，可外眺，山中往来皆经其下，曰"退翁亭"，从其旧也，吴县杨千里天骥隶额；联曰"风泉壮天籁，烟霞忘世情"，江宁邓效先邦述篆焉。山厨鹤舍、僮仆之居、农具之屋，以次创置，费逾三千金矣。

林木丛杂，不可无周垣以限兽迹。拾涧中铄石作虎皮墙，凡一百四十馀丈。前当大涧，水所冲啮，砌石岸六十馀丈，巨石叠积，不用灰土，山中所谓干揸。盖略仿蜀中竹笼贮石为堰之意，不与水争也。

垣成，于东南当涧设门。门外大石离立，若虎踞然。高槐大柳，摇风障日，盛夏无暑。凿石为梯级、以便登陟。磨涧中绿石，书镌"鹿岩精舍"四字榜其上。东西皆辟角门，因山开路，曲折层累而上。行花竹间二百馀步，乃抵水流云在之居。鸟语泉声，引人入胜矣。

可见樱桃沟民国以来游名之盛，非独缘于自然风光，周肇祥在当地的开山引水、苦心经营也不可忽视。

《鹿岩小记》旋又提及水源之争，称：

疏引山泉之始，卧佛寺青年会美国人格林欲括取泉水，供其支配，自行开沟置管。余以地权所属，劝阻不听，竟谓中国无法律。余折之曰：如中国无法律，君何所依赖而侨居我地，受我国保护乎？语为之塞，然工未止也。乃援照条约，制止其工作，收管其器械。函达步军统领衙门，转告美公使禁戒之。步军统领江宇澄朝宗派胡译员查明调处。乃规定山中泉水下流，以供寺庙居民之用，无论何人，不得把持。旧有输水石沟，每逢修理，报告营汛并地主，然后施工。旋送来印文告示，乃勒石以垂永久。

"青年会美国人格林"即北京基督教青年会创始人、总干事罗伯特·R. 盖利（Robert R. Gailey）。勒石的印文告示今已不存，幸由参加过北京基督教青年会工作、摄有海量旧中国影像资料的美国社会学家西德尼·D. 甘博（Sidney D. Gamble）留下一张清晰的照片。此照约摄于1918−1919年，注明拍摄地是北京卧佛寺（"Peking Who Fu Ssu"），起了个不太准确的名字叫"盖利之碑"（"Gailey's Tablet"），今存美国杜克大学甘博照片集藏之中，编号为73B−794。此据照片移录文字：

步军统领衙门布告第八号

为布事。前据中营静宜园汛守备刘谦呈称前湖南省长周肇祥置得寿安山等处山场，近有青年会美人格林在该管业水源修理水管，禁阻不服，致起纠葛等情，当经派员会同前往妥协办理。兹据交涉员胡国英等会衔呈覆，当与周肇祥返覆磋商，据称在寿安山水源头、樱桃园、广泉寺等处有山场，管业内水泉自愿不禁止卧佛寺、广慧观及附近居民取用，但不许一家垄断，本业泉水亦不许打石施工，前清所砌石水沟及青年会前修水塔其在管业之内者，遇有拆修，先期报明本管汛署，仍需照旧修理，惟不得于此外另添工作等语。美人格林据称周宅既不禁人用水，亦无异词，并请出示布告，以便双方遵守而杜争端等情前来。除由本衙门立案外，合行布告附近居民一体周知。特此布告。

中华民国七年六月廿五日（原无标点）

与《鹿岩小记》并观，"争水源"之来龙去脉甚明，不再赘述。

附带一说，高拜石所谓陈慎言写小说《斯文人》影射周肇祥灌酒巧赚樱桃沟的说法当系讹传。我翻检民国报刊，陈慎言好像没有标题只"斯文人"三个字的小说，倒发觉有一部小说《文艺中人》比较接近，因其第一部分的名字正叫"斯文人组织斯文会"，是写主角邹吉生组织"斯文会"罗致艺术界名流的种种故事，于1939年8月8日至1939年11月30日连载于北平（时为日伪改名为北京）《晨报》的"艺宫"副刊（署名慎言）。而且这部小说中还真有影射周肇祥的地方！

"盖利之碑"（步军统领衙门布告第八号）

格林（罗伯特·R. 盖利）

"斯文人组织斯文会"的开头，大画家黄守一的夫人黄庄淑明和李芝英女士同坐汽车开出西直门，直驶西山，去联络几位志同道合的朋友同开画展。车到西园，刚进园门，黄太太便说此地很像黄公望《陡壑密林图》里的景色：

> 只见长松夹道，邃密阴森，野花如绣，满铺阶砌，小涧里泉声琤琮盈耳，个中景物，随地殊形，处处皆具奇景，骤看过去，意难窥庐山真面目。芝英领着黄太太，沿着松林，一径往北走去，在万绿蒙茸中，忽

现出几间精舍，芝英指着红漆小门，向黄太太说道："这里便是嵩云草堂了。"

草堂主人名叫普盛人，此刻并不在家。两位女士敲开校门，并不理会不识趣的看门老头子，径自溜了进去，"且到里面歇歇"。看门老头子不便阻止，只好请二人进屋。黄太太举目一看，这屋里——

> 西壁牙签罗列，满目琳琅，□【宝？】鼎古画，没一件不是精品，地下铺着极厚地毡，左边几上，还放一张古琴，和一炉香，那香烟兀自袅袅烧着，发出檀香甜烈气味，主人虽不在室内，只看屋内这样陈列便可见他的远怀高致，是仲长统唐子西一流人物了……

二人后来没有等到普盛人回来，悻悻离去。普盛人后来在小说里并未露面，更没有参加"斯文会"。

再显然不过了：西园就是樱桃沟，嵩云草堂就是鹿岩精舍。室外风景自不待言，黄太太在室内的所见，简直是陈慎言用小说家言为水流云在之居留下的"速写"。普盛人即影射周肇祥，可是小说里没有提到他得到嵩云草堂（鹿岩精舍）的经过，而且陈慎言还感慨他的"远怀高致"，赞扬他"是仲长统唐子西一流人物"，这种影射显然不是揭露黑幕。

樱桃沟的收归国有

1950年9月28日，上海《亦报》刊出一篇关于周肇祥的短文：

周肇祥北京卖住宅

削颖

曾作葫芦岛商埠督办的周肇祥，字仰[养]庵，别署退叟，留得长髯，有大胡子之号。对于金石书画，瓷铜碑册，嗜好甚深，常到琉璃厂搜罗，又办过中国画会，及《艺林旬刊》，在北京旧艺术界中，算个闻人。每逢春秋佳日，与傅增湘、江庸等名流，游山玩水，蜡屐寻诗，兴趣亦复不浅。可是脾气恶劣，常得罪人，见心爱之物，便想据为己有，陈慎言所著说部，将他买卖古董的情况神态，刻画入微。在刮民党古物南迁时候，宋匪子文将他关在北京公安局中多日，胜利后，打一场汉奸官司，受些折磨，据说都为言语伤人之故。幸亏朋友们设法，有个琉璃厂商人，奔走甚力，总算将他保释出来。周竟拿一张齐白石画卖给他，还说，让你多赚些钱调剂调剂。厂商以两次出力帮忙，不疑他会闹花样，立即付价，并未细看。迫转卖时，方发觉是史海涛的仿作（按北京仿齐画的有四五人，以史为最肖）。以周太不够朋友，登堂历数其过，周呆坐一旁，闷声不响，由他的女秘书出来调解，始已。

他游名山，结方外交的结果，将西山卧佛寺一块地弄到手里，北京解放，被人揭发，他曾走避天津，将地交还原主，才得无事。从此他的书画渐多流落出来，虽是真伪参半，精粗不等，在他都认为难得之物，每卖一件，必长吁短叹。最近又将西城头发胡同住宅卖出，得布数百匹。因有馀资，又想把卖出的书画收回了。

削颖是王益知的笔名。后来以章士钊秘书身份为人所知的他，此时是《亦报》的北京通讯员，时常为这家上海的革新小报写寄北京见闻。这里寥寥五百馀字，把周肇祥盈满则亏的性格和经历勾勒得极为生动。

削颖特别说到周肇祥曾"弄到手里"而"交还原主，才得无事"的"西山卧佛寺一块地"，就是上文所说的樱桃沟（退谷）。但"交还原主"未确，乃是收归国有。《北京植物园志》记述道：

> 1930年以后，樱桃沟并存三股经营者。第一个是周肇祥……他经营着疯僧洞两侧至广慧庵一带；第二个是在城内开牛奶厂的几个资本家，占据着疯僧洞至北大洼一带山上部分；第三股是协和医院、白纸坊造币厂，他们从周肇祥手里租占了五华寺一片。三股势

力一直沿续到民国在大陆灭亡，其山场房屋土地均收
归中华人民共和国所有。

书中并对收归国有后各部门的接管和移交有简要交代。我
手头还有一册比较少见的《北京市植物园大事记（公元
627年－1990年）》（北京市植物园管理处史志编写组编印，
1992年7月出版），所记更为详细。以下综述一二，以见具
体情貌。

1948年，中国人民解放军挺进北平，在卧佛寺、樱桃
沟都驻扎有部队。1949年1月31日，北平和平易手。1950
年1月31日，王亦农（当系政府工作人员）向张友渔副市
长报告勘察西山周肇祥山场（按与樱桃沟、退谷山场、周
家花园均系一地，以下皆保持原提法不改动）情况，建议
由建设局派专人管理，2月13日北京市政府即规定周肇祥
山场由北京市建设局管理，4月28日又将樱桃沟拨归公园
管理委员会（简称园管会）管理。5月19日园管会查清西
山八大处和退谷山场的土地、房屋产权问题，5月31日又
派王子琴（当亦系政府工作人员）赴退谷山场调查，6月7
日并与十六区政府、建设局联合呈文北京市政府上报樱桃
沟等四处风景区的交接计划，6月28日市政府批示照办。
于是7月7日市建设局正式将樱桃沟等四处风景区连同各项
房地产人员移交给市园管会，7月18日各部门赴实地办理
了交接手续（附近的卧佛寺两天后亦划归园管会领导），9

月4日市园管会西山工作组赴卧佛寺、周家花园，对家具及672株果树进行查实，对樱桃沟的接管到此完成。

当时接管樱桃沟的原因，依我看可能与中共中央迁入北平和新中国定都北京有关。1949年年初，中共中央已派人到北平西郊选择驻地，3月25日正式迁入距樱桃沟一箭之隔的香山，至下半年方再迁到中南海，此后西山地带仍然是重地。按中共高层的看法，"北平是局部和平而得解放者，未经清洗，一切微生物（中外的）都很多，应当引起最高的警惕"（杨尚昆日记1949年2月1日语），既属特殊地带，樱桃沟自当以国家接管为妥。樱桃沟后来又曾划归西山风景区管理处管理。此后随着北京植物园的筹建，樱桃沟的整治、建设、绿化逐步开展，景色又有新的变化。

1956年10月1日，此前一度停刊转型的上海《文汇报》以焕然一新的风格复刊，其文艺副刊"笔会"一下子推出了许多精彩文章，很多与读者暌违数年的老作家也重新披挂上阵，真是百花齐放、欣欣向荣。是年10月17日，《文汇报·笔会》登出了陈慎言的一篇《北京丛话》，副标题正是"樱桃沟花园"。陈慎言为上海读者介绍了樱桃沟的过往，而着重讲述了这年他重游退谷的观感：

> 我已多年没上寿安山，八月九日，和文联同志集体游卧佛寺，由卧佛寺后山沿着小径上山，山上最惹人喜爱的沿路涌出的沸流，现都用小石板掩盖，虽然

可以保护行路安全，却已失去原来面目。

到寿安山上樱桃沟，下看山沟里的茂林，石上的奔泉，风物依旧。只岩石上新勒有"樱桃沟花园"五字。就地取名，倒也恰当。

沿着小径走过小石桥，周养庵手书"鹿岩精舍"门额就在眼前，园外短墙已粉刷一新，当门亭亭修竹，依然葱翠迎人，曲径流泉，依然潺潺入耳，步入"水流云在之居"，是养庵山居时起居的所在，屋内床几依旧，而旧日主人已归黄土！

山上"石桧书巢"，是养庵作画所在，往日养庵画好梅花，必榜壁上夸示友人，或独自徘徊屋内，拈须自赏。今日遍看屋内四壁，已无寸纸存在。

沿着沸流小径，迈过山洞，扳登退翁亭，亭柱上养庵题的集句"行到水穷处，坐看云起时"，仍然存在。这一对集句，题在亭柱上，很是恰当，因为游人到此亭上，已无别径可通了。

我在园内巡视一周，房子、亭子都整修得焕然一新，树石花草，布置得楚楚有致。自从公家接管，园内花草更见精神。同游画家拟绘一图，北京最好是秋光，我希望画家早日动笔。

这又为樱桃沟留下了生动的记述。陈慎言熟知樱桃沟旧貌，当年才能写得出影射其地的小说，多年后才能看出营建的失去原貌。他感慨旧日主人已归黄土，显然与周肇祥相熟，并无不敬，倒有慨叹。

　　在樱桃沟收归国有的过程中，周肇祥的身影一点儿也没有出现。可能的原因背后，其实还蕴藏着有关他晦暗晚景的丰富故事。

签名本琐忆

陆　灏

　　签名本是宽泛笼统的说法，细分一下，有单纯签名本和题词本之分，题词本又可分出题赠本，题赠本还可分出留念本，再有题献本……

　　作者单纯的签名本最为常见，也最为普遍。"大家都清楚，自从二十世纪中期以来，如果一位作家要出版自己的一部作品，那他必须……在编辑部的办公室里为至少一百本书签名……参加各种座谈会，并为到场读者签名……在各个书店为上千册书签名……"艾柯在《植物的记忆与藏书乐》一书中如是说，于是乎，"这种带有作者签名的书实在是泛滥成灾，其价值也一落千丈"（王建全译，译林出版社2014年版，第216—217页）。美国小说家詹姆斯·A.米切纳每天都要收到五六本索要签名的书，他说："或许我死后二十年左右，有人会找到一本没有我亲笔签名的书，那本书才值大钱呢。"（尼古拉斯·A.巴斯贝恩著《文雅的疯狂》，陈焱译，上海人民出版社2014年版，第77页）电影《诺丁山》中，休·格兰特饰演的那个书店老板也说过同样的话。我曾把这个"谬论"转告韦力先生，听说他就此不愿给书店签名，引起了多家书店对我的不满。

美国学者赫伯特·福克纳·韦斯特（Herbert Faulkner West）在《阅读与收藏》一文中说："真正的题赠本通常有作者给友人的赠言和签名。相比单纯的作者签名本，这种书具有更高的情感价值和商业价值。签名本通常是不得已而为之，或是作者在商店和百货商场签售的产物。"（唐静编译《藏书之乐——书架上的珍宝》，西安交通大学出版社2012年版，第69页）

显然题词本要比单纯签名本有价值，《藏书ABC》又把题词本细分为两种：馈赠本和题词本，"前者是作者主动送出的礼物，对藏家来说自然会有更强烈的情感上的吸引力，而后者通常是在出版之后应所有者的要求而题词的"。从题词的语气，或题词时间与书出版时间的关联，往往可以区别两者。"当然，这种区分并非总能做到，因为作者既有可能真诚地送上多年前出版的书籍，也有可能像对待朋友一样给陌生人写一段题词。"（约翰·卡特著、尼古拉斯·巴克等修订，余彬、恺蒂译，译林出版社2022年版，第266页）而馈赠本，"决定其质量的重中之重始终是它的关联性，也就是受赠人的关注度或重要性以及他和作者之间的关系或其他特殊的相关优势，这比赠送方式中的其他细节都更加重要"（同上书，第369页）。

根据关联性的重要程度，英国作家克莱尔·科克-斯塔基在《书虫杂记》中把馈赠本再进一步划出一种留念本："这是最有价值的签名书之一。留念本是作者以个人名义送给另一位与该书或者作者有关的名人的书籍。"他举的例子是哈罗德·品特将自己的一本《归乡》签名送给剧中的女主角，同时也是他妻子的维维恩·麦钱特作为留念（许梦鸽译，商务印书馆2022年版，第78-79页）。甚至更分出一种极端的题献本，是作者签名赠送给"书前所印的致辞对象"，书中印献词的本来就不多，所以这种题献本极少见，作者认为是"签名本中的圣杯"（同上，第79页）。我的朋友韩东先生前不久收到一本这样的极品，英国作家安东尼·伯克莱（Anthony Berkeley）一九二五年以"？"署名出版了侦探小说《莱登庭神秘事件》（The Layton Court Mystery），书前印的献词是给他父亲的，而韩东先生得到的正是作者签赠给他父亲的那本（见《文汇报》2022年7月24日"笔会"版韩东文章《笔名为"？"的侦探小说家》）。

以上，当然都可统称为签名本。

一

2002年春天，张灏先生来上海开会，我和他们夫妇在东平路的莲苑共进晚餐，同席还有许纪霖孔令琴夫妇和王为松毛尖夫妇，饭后我们又一起去了附近的 Lapis Lazuli 喝茶聊天到很晚。

那天我带了一本上海教育出版社刚出版的《张灏自选集》，请张先生签名留念。张先生在书名页上写了"陆灏兄正之。张灏。4-25，02"。张太太拿过书，看了一下说，应该写"灏兄正之。弟灏"。——绝！可惜已经签好了，而我那天又没带张先生别的书，这个可遇不可求的别致签名，只能一直珍藏在我的记忆里。

二十年后，今年4月20日，张灏先生在美国加州去世。"澎湃新闻"发布的消息，文末一张照片："2022年2月9日，张灏先生生前最后一次出席公开活动，向台北图书馆赠书。"照片中张先生戴着口罩坐轮椅上，捧着几本书，最上面一册正是那本《张灏自选集》。

近日读到王汎森的文章《流水四十年间——敬悼张灏院士》（《读书杂志》2022年第四期，香港三联书店），才知道张灏夫人也已在2019年8月病逝了。

二

上世纪九十年代初我赴京组稿，在沈昌文先生的办公室看到一本台湾版的《哈佛琐记》，作者吴咏慧，也不知何许人也。借回旅馆睡前翻阅，不料发现这书好看得不得了。再向沈公打听作者，原来是台湾中研院的黄进兴，据说书上署的是他太太的名字。过了几年，三联书店出版了这书的简体字版，我当然第一时间买得一册重读。

书中印象最深的两则故事，一是说桑塔耶拿（George Santayana）早年在哈佛任教多时，某日正授课中，夕阳从窗外斜照进来，这位哲人突发灵感，把粉笔往后一甩，说："我和阳光有约！"说完就步出教室，从此放弃哈佛教职，据说后来有人看到他在查理士河泛舟悠游，状颇自得。

另一则是作者听了一个学期罗尔斯（John Rowls）的课，最后一堂课罗尔斯讲完走下讲台时，全体学生鼓掌向他致敬。罗尔斯本来有点内向害羞，这时频频挥手，快步走出教室。他走出许久，掌声依然不衰，时值冬日，作者说双手已拍得又红又痛，就问身旁的美国同学还要拍多久，那位同学回答："让罗尔斯教授在遥远的地方还可以听到为止。"

2014年春天，黄进兴先生来上海开会，我约他们夫妇一起在夏味馆吃饭，姚大力、陆扬、陈引驰、李纯一等同席。我拿了一本1997年三联版的《哈佛琐记》请黄先生签名，黄先生在书名页的上方写了"陆先生雅正。进兴敬上，2014.4.30"。黄先生写完，黄太太就说："这书是我写的。"对啊，我马上把书递过去，请黄太太把这句话写在书上。黄太太笑了笑，只在书名页作者名字下，签了"吴咏慧"三字，终究没有"拆"先生的"台"，而我却少了一本妙趣横生的签名本。

黄先生回台湾后，寄给我一本台北允晨出版的《哈佛琐记》（增订一版）。后来买过黄进兴先生别的书，都远不如这本好看，要不是在饭桌上听过黄先生津津乐道说八卦，真怀疑这书不是他写的。

三

2003年12月，我去香港参加"第二届新纪元全球华文青年文学奖"颁奖仪式，开幕式当晚在中文大学崇基书院的晚宴上，我有幸坐在林文月先生旁边。林先生说她小时候住在上海的日本人生活圈，抗战胜利后去台湾，直到前一年才回上海看了一次，以前住的房子居然还在，连门牌号都没变。又提到连战，说是她表弟（舅舅的儿子），以前她不太愿意提这层关系，但几次吃饭都有人当着她的面骂连战，让她很不自在，所以后来她干脆先说了，以免大家尴尬。

第二天我去书店买了一本天地图书公司新出版的《生活可以如此美好——林文月自选集》，在会场上请林先生签名。我递上一支绿色的墨水笔，林先生接过笔，说："董桥的颜色。"董桥先生此时正好站在我们旁边。林先生用绿色墨水笔在书的绿色环衬页上签了"林文月，二〇〇三年冬日"。

多年后，我才读到林文月2000年曾写过一篇《董桥其人其文》（载《回望》，台北洪范书店2004年版），提到认识董桥有十馀年或者超过二十年，最初是董桥书信邀稿：

"董桥的信总是写得非常有礼，用清秀端正的楷体毛笔书写。有时候使用的是绿色的墨汁，令我印象深刻。……我揣测着，喜欢用绿墨毛笔字写信的人是怎样一个人呢？"

董桥后来在回忆林海音的那篇《雨影》里说，林海音偶然在坊间找到日本自来墨汁毛笔，就用这毛笔写信，又寄了两枝给董桥。"那两枝小楷毛笔我用了大半年，写稿写信笺大版都用，用干了请台北朋友再买。……那种毛笔后来还出了各种颜色，我一度爱用绿色，给林文月先生写信用过，林先生吓一跳。"（《读书人家》，香港牛津大学出版社2014年版，第186页）

九十年代董先生给我的信，常常用这款绿色毛笔，他送我的那本《辩证法的黄昏》，环衬页上也是用绿色毛笔题写："陆灏吾兄不弃。董桥寄赠"。

四

上世纪九十年代，我有一度冬天喜欢穿中式棉袄，那是在淮海路上的益大中老年服装店买的骆驼毛棉袄。记得我去天津看望孙犁先生，就穿着中式棉袄，后来卫建民先生告诉我，耕堂老人曾对他笑言，没见过年轻人穿这么老式的棉袄。有一年冬天赴京，看望王世襄先生。王先生对我身着的棉袄大为赞赏，说北京找不到，要我回上海后代他买一件。

我回上海后去益大买了一件邮寄过去，不久收到王夫人袁荃猷先生1997年1月18日来信："多谢您给世襄带来的棉衣。他穿上就不肯脱下来了，说比其他几件暖得多。今天仔细一看，棉衣及罩褂都比这里的好看，价钱也便宜。因此麻烦您，请再给买几件：1、最大号的棉衣（驼毛）2件；2、最大号的罩褂2件；3、最大号的像您穿的那样的毛衣1件。"还让我给她选购一件棉背心："您的眼光，我会欣赏的。"

我想我应该都照办了。王先生要付钱，我说送给他，他坚决不肯。那我说就送本书给我吧。于是他送了一本香港版的《说葫芦》给我，在书前衬页上用毛笔题写："陆灏仁弟遣闷。王世襄奉。一九九七年元月于北京"。

王夫人要我买的棉衣等寄去后，王先生照前例又送了一本香港三联版《明式家具珍赏》给我，在环衬页上用毛笔题写："陆灏小友清赏。王世襄持赠，一九九七年二月"。王先生3月12日来信说："已签名交给赵丽雅同志，暂存她处，请她转交。不知您何时来京。"

五

也是九十年代某一天，我去来燕榭看望黄裳先生，刚进门黄先生就说："走，我们一起去黄永玉那里。他住在王丹凤家。"我就跟着黄先生来到同在陕南村的王丹凤家，王丹凤一家那时还在香港，黄永玉来上海，就借住在她家。

那天就听永玉先生聊天，有趣极了。因为提到某个年轻人说要给他送什么东西过来，但一直没送来，永玉先生就开始讲故事了："有三个乌龟去酒店喝酒，一个一百岁，一个两百岁，一个三百岁。到酒店坐下，三百岁的老乌龟说，他前一天在对面一家酒店喝酒，把帽子丢在那里了，谁愿去帮他拿一下。一百岁的乌龟就说，我最年轻，我去吧。于是一百岁的乌龟下了桌子。另两个乌龟开始喝酒，喝了一杯又一杯，过了一天又一天，一星期了，还不见一百岁的乌龟回来，三百岁的老乌龟就感叹说：'现在的年轻人真靠不住。'这时听到桌子底下有个声音说：'你要这么说，我就不去拿了。'"

后来又有几次与永玉先生见面，都是在黄裳先生家，或是黄裳先生约的饭局上。我带过港版《沿着塞纳河到翡冷翠》等书请永玉先生签过名。

2013年10月，黄永玉先生在上海举办作品展，并在上海图书馆和读者见面。那天黄先生一直被众人包围着，我过去只打了一声招呼就退出了。我带了一本百花文艺出版社1984年出的袖珍本《太阳下的风景》，就把书交给李辉先生，让他等黄先生空时请黄先生签个名多写几个字。黄先生就在前衬页上题写："陆灏要我多写几个字，我就多写几个字。黄永玉。2013.10.20.上海。"

六

今年封控期间，一位北京的朋友转给我一篇某微信公号的文章，里面提到买进过一本唐振常签赠给我的《饔飧集》，并有照片："陆灏兄一粲。振常。一九九五年七月。"是熟悉的唐先生的笔迹无误。我赶紧查看书橱，唐先生送我的《饔飧集》赫然在焉，书前衬页上唐先生直写四行题词："唯君马首是瞻。为陆灏弟书。振常。一九九五年七月。"

同一时间，怎么会有两本签名？我只能猜测，先题了

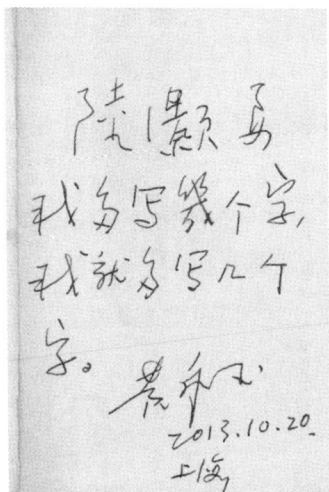

黄永玉先生在《太阳下的风景》上的题词

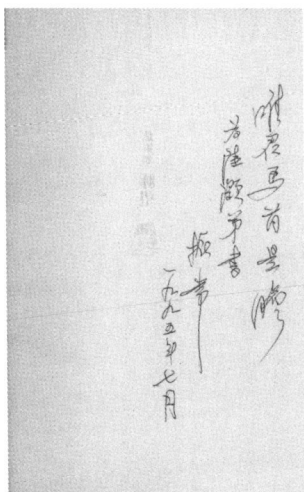

唐振常先生在《饔飧集》上的题词

前一本，很平常，后来想到更妙的题词，又重新题了一本送我。前一本就留在家里，近年随别的书一起散出。我想多半是这样。

上世纪九十年代上半期，我经常召集沪上一些老作者聚餐，有鲲西（王勉）、金性尧、周劭、黄裳、唐振常、钱伯城、邓云乡等老先生，还有当时尚在中年的陈子善先生，何满子先生也参加过几回。由我选订饭馆，通知各位，最后AA制大家掏腰包。每次都要吃好长时间，主要是聊天，其中唐先生最为健谈，邓先生话也不少；周公酒喝多了，喜欢插科打诨；金先生耳背，完全听不见别人在说什么，但他说和大家在一起就开心；鲲西先生年最长，他和钱先生话都不多，黄裳先生几乎不说话……转眼风流云散，老先生们一个一个走了，年纪最小的邓先生1999年2月第一个走，钱伯城先生去年11月最后一个走。当年还是中年的子善先生七十大寿也过了好几年了。

今年是唐先生百年诞辰，特别怀念唐先生，怀念那时的聚会，唐先生题在书上的"唯君马首是瞻"，指的就是我组织饭局。当然，跟唐先生的交往远不止这些饭局，那是另一个话题了。

七

在这些老先生中，最早拜识的是黄裳先生。大学时就读了黄先生的《榆下说书》，1985年进《文汇报》工作，才知黄先生还是《文汇报》的员工，但早不上班了。他的弟弟容正昌还在《文汇报》工作，就央求他弟弟介绍我去拜访。容先生问我找他哥哥有什么事，我说喜欢读他的书，想见见他本人。容先生哈哈大笑，说："那你看我就可以了，我们长得一模一样。"后来见到黄先生，果然俩兄弟一个样子。那次我带了《榆下说书》和《银鱼集》等三种书请黄先生签名，黄先生送了我一本刚出版的《翠墨集》，在书前衬页上题："赠陆灏同志。黄裳。一九八六年九月十五日"——这是我拜识黄先生的日子，一直到2012年9月5日黄先生去世，交往超过四分之一世纪。

此后黄先生出版的每一种新书，都签名送我，称呼也从"陆灏同志"变为"陆灏兄"。在收藏图书方面，我属于后知后觉，很长时间都没想到要搜求黄先生早年出版的书请他题词签名，一直到有好几位朋友拿了旧版书找我请黄先生签名，我才想到。后来在孔夫子旧书网上淘到了散文集《新北京》和译著《猎人笔记》等几种，都请黄先生签名了，那已经是2011年前后了。

《新北京》，上海出版公司1950年12月初版。黄先生在前衬页上题写："这是我一九四九年后出版的第一本书，曾重印两三次，惟传本甚罕。编'文集'时未及收入。此为初版本，展转为陆灏兄所得，宛如新书，书品绝佳，诚佳遇也。此书所辑皆曾刊于'文汇报'，通讯文字也。然所

这是我一九四九年底出版的第一本书，曾重订两三次，惜存书甚罕。编"文集"时未及收入。此为初版本，展转为陆灏先所得，出以见示，书品绝佳，戉隹尝遇也。此书可知当年曾刊于"文汇报"通讯文字也。然所言皆出胸臆，非代人立言者。于此可见"通讯"中所可见，皆真实感受也，更读不禁哑然。辛卯夏志之。

黄裳书於来燕榭中，辛卯初夏三月三十日

黄裳先生在《新北京》上的题词

此乙种有耿济之译，连载於北平晨报月报中，後单行
本贩。上世纪三十年代初文化生活出版社出版单本偿
译本寻稀得，後又有著译者。
译此书已疑，书於奉赠夫人英译本也，丰特故及笔此。
今别仍耿济译书於日时频笔净，古老恨
长尚忆诸，西和土年，书画可以此本为家读意。
友人先者方多奉之，此册为老初顺。
陆灏乙酉之，好花净，考到书情岁黄裳语老当。

辛卯四月七日　黄裳记 [印]

黄裳先生在《猎人日记》上的题词

言皆出胸臆，非代人立言者。于北京通讯中可见，皆真实感受也。重读不禁兴慨，聊复志之，时辛卯初夏三月三十日。黄裳书于来燕榭中。"黄先生曾于《题跋一束》中提到此书为师陀约的稿云云（《过去的足迹》，人民文学出版社1984年版，第330页）。

《猎人日记》，屠格涅夫著，黄裳译，平明出版社1954年4月初版。黄先生在前衬页上题写："此书原有耿济之旧译，连载于《小说月报》中，后单行出版。上世纪五十年代初，文化生活出版社出版丰子恺译本，号称据俄文原著译出。平明出版社邀余重译此书，所据为加奈特夫人英译本也。丰译改题'笔记'，余则仍耿译旧题'日记'。时颇从事译事，有旧俄长篇小说两种及此书，而以此书为最满意。友人见者亦多喜之。此册尚是初版，陆灏兄得之，颇干净，如新书，嘱题数语卷尚。辛卯四月二十七日。黄裳记。"后来上海书店重印黄译《猎人日记》，用了这段题记代序。

八

陆谷孙先生的著译，包括他主编的《英汉大词典》，我都有他的签名本。称呼也每每不同。最早1987年陆先生送我他翻译美国作家欧文·肖的小说《幼狮》，称"陆灏贤契"；1990年送我《英汉大词典》上卷，称"陆灏同道"；

后来有称"灏兄"、"宗兄"等。2011年12月，陆先生有两本新书送我，一本是复旦大学出版社的《20篇：英美现当代散文》，在前衬页题写："少恩公陆灏披览"，署"老愚陆谷孙敬志"；另一本世纪文景·上海人民出版社的《一江流过水悠悠》，是翻译美国作家诺曼·麦克林恩的自传性小说，书名页上用绿色墨水笔（肯定是我提供的）题写一段英文：

All good things come by grace and grace comes by art & art does not come easy.

For Lu Hao, my young patron

From Lu Gusun

December 2011

无论是英文"young patron"，还是中文"少恩公"，虽然有点玩笑性质，但其中涉及一段掌故，颇可一说。

多年前有一次，吕大年先生与我闲聊中间，如果一个年轻人用毛笔文言写信给钱先生、陆先生，他们会怎么反应？我说钱先生肯定言不由衷地夸你一番；陆先生么，如果用英文给他写信，他肯定会对你刮目相看。大年先生说，他外公吕叔湘先生就会很反感，因为这不真，是装的。

我说用英文给陆先生写信，其实是有所指的。有位女编辑，曾用英文向陆先生约稿，请他翻译这本美国电影

《大河恋》的原著小说，陆先生被打动了，很快翻译出来交稿。不久这位女编辑在网络上声称，她为陆先生的译本改了几十处或上百处（具体记不清了）。我们当时碰到陆先生，就"嘲讽"他是中国英文第二好的，第一好的当然就是给他批改译稿的那位女编辑。陆先生后来大概找到改稿看了，悄悄问我，有没有办法请出版社改回去。当年世纪文景的主政者施宏俊兄是很熟的朋友，我对施兄说了陆先生的要求，他说当然尊重陆先生的意见。书出版后，那年11月12日，陆先生还应出版社要求，在曲阳图书馆做了一场关于这本小说的讲演，并观看小说改编的电影《大河

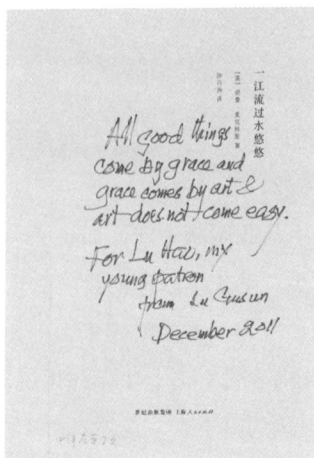

陆谷孙先生在《一江流过水悠悠》上的题词

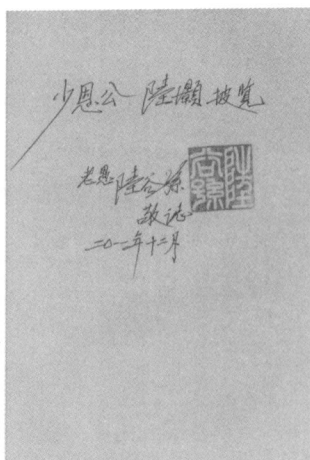

陆谷孙先生在《20篇：英美现当代散文》上的题词

恋》，我陪着一起去的。

因为这件事，有一阵子陆先生就戏称我"young patron"或"少恩公"。题写的那段英文是小说里的原话："（父亲对于有关宇宙的某些事情，都有确定的看法。对他来说，）所有好事（——鲑鱼也好，永久得救也罢——）都来自天赐优雅，而优雅来自艺术。艺术可不是随随便便就能习得的。"（第7页）

九

我有好几本书上有陆先生的英文题记，董桥先生也有一本用英文签的名，我还请马振骋、周克希等先生签了名后写过几句法文，最特别的是季羡林先生用梵文写过一句话。

那是1991年秋天某日，我去北大朗润园拜访张中行先生，观赏了他珍藏的古砚和书画精品，随后去同在朗润园的季羡林先生家拜访。季先生以新出版的散文集《万泉集》见赠，并在书名页上竖着题写："陆灏同志留念。季羡林，一九九一年十月二十一日。"我请季先生再写一句梵文，季先生就在旁边横着写了一句梵文，又写上这句梵文的拉丁转写"satyam eva jayate"，并向我解释了这句话的意思。时隔三十多年，我这次检出这本书，已完全不记得这句梵文的意思了，只好向季先生的高足钱文忠兄请教，文忠兄说是"真理必胜"。那天季先生问我："认识我学生钱文忠吗，

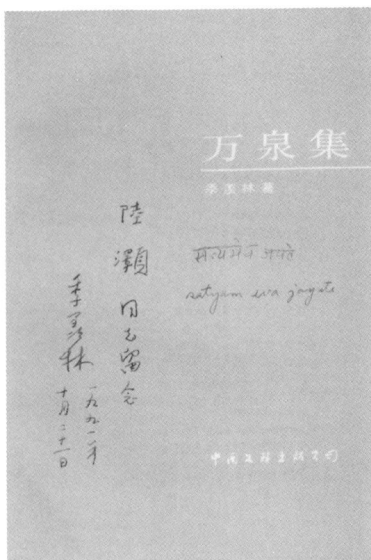

季羡林先生在《万泉集》上的题词

也是你们上海人。"而我就在前一天刚认识文忠,是沈公邀请我参加在王府井葡萄园举办的《读书》服务日活动上认识的,那天是北京一些学者与台湾学者座谈,有裘克安、许觉民、葛兆光、汪晖、王守常等先生,座中有个年轻人,说话特别老派,开口闭口"宾四先生""默存先生",就是文忠兄,会后相识,一见如故。

杨联陞·赵如兰·"琴人图"

荣鸿曾

  我家客厅大壁炉上方的墙上，悬挂着一张以琴人为主角的《停琴听松图》。它是文史大家杨联陞在1959年为学生赵如兰所作，庆贺她完成论文获得博士学位。我每天都会望上几眼这张画，它承载了杨联陞先生、赵如兰教授和我三代学人的缘分。

  1966年我在麻省理工学院读物理时，参加了刚组成的中国学生合唱团（后改名为中华合唱团），团员大都来自香港和台湾，是麻省理工、哈佛及大波士顿其他大学的研究生。次年赵如兰教授为了演讲中国民谣，需要几个懂音乐的中国同学唱几首被谱成四部合唱的中国民谣，她听说了我们的合唱团，就邀请我们在她演讲时示范演唱。我们早就知道赵教授的大名，是赵元任先生的女儿，麻省理工航空工程系的著名教授卞学鐄的夫人，接到她邀请，觉得

《停琴听松图》悬
挂在我家客厅大
壁炉上方的墙上
（荣鸿曾摄）

非常荣幸，连忙答应。几天后我们五人，包括麻省理工土木工程系的何其建、化学系的庄润仪、哈佛法律学院的王启中和刚从加大伯克利分校建筑系毕业的荣念曾，到她家中练习，还记得唱的是《草原情歌》、《掀起了你的盖头来》和很少人知道的两首广西民歌《无缘成双对》、《船已准备好》，都是赵教授音乐系的同事、作曲家兼哈佛合唱团指挥艾略特·福布斯（Elliot Forbes）教授所改编的四部合唱。

　　这是我第一次踏进剑桥市勃拉透圈（Brattle Circle）14

号赵教授的家门，当时无从预知在以后的近五十年将会如我自己的家般经常去，事因1969年我在麻省理工毕业后就进入哈佛音乐系，拜赵教授为师，放弃了科学，跨进艺术之门。随后几年中，每隔几天就去翻看她的藏书，或她请我去吃饭，写论文那年还在她家住了六个月，卞、赵两位教授待我如家人。毕业后我到外地教书，仍然每年回去探望他们。

卞、赵家中经常宾客如云，除了两位的家人亲友外，很多本地或外地来访的学者、学生也常常慕名而至，请安拜见。有几次合唱团在他们家中练唱；有一年"中国口传演唱文艺研究会"在哈佛举办，例行的馀兴聚餐就在他们家；著名的"剑桥新语"学术讨论会也在此举行。每次这类聚会总是把客厅挤得满满的，大火炉上方的一长排书架摆放着精致典雅的各类中国艺术品，但最显眼的是正中高挂墙上的一幅杨联陞先生画的《停琴听松图》，年来年去，这幅画就像是他们家的一分子。几年后才领略到这幅画的深意。

杨联陞与赵如兰

杨联陞是备受敬重的文史专家，美国著名汉学家费正清称他为西方汉学第一人，尤其是他的几十篇书评多年来闻名于海外汉学界。商务印书馆2016年出版的《汉学论评集》汇集了杨联陞一生所写的六十馀篇中英文书评，分享给国内读者。所评皆为名家代表作，内容遍涉语言、考古、边疆史、文学史、科技史、经济思想史、书画史、佛教史等领域，包罗中国文化史，显示了先生学问之博雅。他的学生余英时说，"杨先生的博雅，在他的书评中显露无遗"（吴原元《略论杨联陞在中国文化海外传播中的贡献——以杨联陞英文学术书评为中心的考察》，《东方论坛》2015年第3期），"博雅"的杨联陞不限于其对中国文化的深入知识，也显示在他的生活情趣。历史大家周一良说："莲生不仅学识渊博，而且多才多艺。在美国同学时，只知其能诗而不知其善画，只知其精于桥牌，而不知其兼擅围棋麻将，甚至三者都有著述；只知其为京剧戏迷，不知其能写能唱子弟书。陆惠风先生悼词中说莲生'肯定是他这一辈知识分子中最为多彩多姿者之一'。"（周一良《纪念杨联陞教授》，《中国文化》1992年第1期）杨联陞"能诗"早为人知，他经常在信件中以诗文表达感受，广被收录发表。但是周一良与杨联陞同学多年，只有他提起老朋友"善画"，杨联陞的画确很少见，也极少被人提及。唯一知道的就是这一幅《停琴听松图》，是他特为学生赵如兰所绘，挂在赵家客厅半个世纪。

研究中国音乐史的赵如兰是杨联陞众多学生中一位不太被人提起的学生，被忽视的原因之一是一般学者对中国音乐所知无多，甚至误解，且大都因不懂乐谱而避之，又认为音乐除了古乐、雅乐、文人乐外，不就是弹弹唱唱，

1997年，赵如兰家客厅（温秋菊摄）

只有娱乐价值，研究价值则待商榷，甚至被哈佛大学东亚系某些人认为是"旁门左道"（陈毓贤《谜样的赵如兰和她的父母亲：赵元任与杨步伟》，《文汇报·文汇学人》2014年11月21日）杨联陞的"博雅"显然超越如此偏见。可以推想的是，杨联陞在赵元任家早已熟悉赵如兰，建议她研究中国音乐史，一来是认识到赵如兰的潜质，二来也是扩展美国汉学界至音乐领域。

赵元任1941年从纽黑文的耶鲁大学转往哈佛大学任教，全家搬去剑桥。1921至1923年，他曾在此任教两年，现在又重回旧地，1922年出生在剑桥的大女儿赵如兰也因此回到出生地。她1943年在瑞德克利夫学院（哈佛大学女子学院）毕业，主修的是西洋音乐和音乐史。她享有父亲的科学头脑，也拥有父亲的音乐基因。她回忆初进大学时，"我当时虽然长年浸淫于音乐，但一直认定以后将从事数学或某些科学的专业。虽然我父母没有明示，但我总觉得这是他们对我的愿望。我二妹主攻化学；三妹来思得了数学学士和硕士，虽然后来专门写小说；幺妹小中学士和硕士以及后来的工作都和天文物理有关。但暑期学校的音乐教授 Stephen Tuttle 比教数学的教授有趣，到了夏季末，我已经决定主修音乐。回想起来，我不能说当时对要从事什么行业有明确的决定，只是感到选音乐史和理论，有更多有意思的课题值得思考"（赵如兰《素描式的自传》，《在你温厚的笑容中荡漾：纪念哈佛大学首位华裔女教授赵如兰》，上海音乐学院出版社 2016 年版），可见她当年完全没想过走进中国文史领域。

赵如兰从小受父亲影响浸淫在音乐里，唱赵元任的歌，学习钢琴和大提琴，基本上接触的都是西洋古典音乐，大学和研究院里修的课也都是西洋音乐。她如何会转往研究中国音乐史？答案能从她的自传里找到线索。她说："我 1946 年得到硕士，修的仍是西方音乐史。同年女儿 Canta 出生（取名于剑桥的别名 Cantabrigia），翌年我便开始在哈佛远东系做柯立夫教授（Francis Cleaves）的助手教汉语。女儿一岁半时，我父母搬到［西岸加州］伯克利不久，母亲提议我把女儿带去让她看。我从此便和哈佛的亚洲语文系发生密切的关系，旁听许多亚洲文学、文化和历史的课程，在哈佛燕京图书馆里消磨时间。"这显然是她积极注意和接触中国文史研究的开端。

间接给她冲击的是与民族音乐学家的两次相遇。她在自传里写道，"有一次四十年代的语言学会会议上，在加州伯克利开，我第一次见到 George Herzog，他问我许多关于中国音乐的问题，我都不知怎样回答"。另一次也在四十年代："LaRue 仍在哈佛写博士论文，研究琉球音乐。有一天拿了本中文书，来远东学系所在的 Boylston Hall，问我能不能替他翻译其中一段。我没记错的话，书是王光祈写的，关于中国音乐，相当技术性。我对他说：'对不起，我翻译不了。'他脸上惊讶和不能相信的表情仍历历在目，这是远在我打算研究中国音乐之前。我后来研究中国音乐，原因之一很可能是受了他的刺激。"洋人经常有错觉，以为只要是黄脸孔就必然知道关于中国文化的一切，赵如兰在中国长大，父亲是著名中国语言专家，她自己拥有瑞德克利夫学院的音乐学士和硕士学位，又在东亚系教汉语，因此赫尔佐格（Herzog）和拉吕（LaRue）认为她必然懂中国音乐，拉吕"脸上惊讶和不能相信的表情"勉强能被理解。但是他们的"无知"却在赵如兰心中种下了将来研究中国音乐的种子。

直接的原因则是杨联陞。她和杨联陞的师生缘分始于赵元任。1941年杨联陞是哈佛远东系硕士生，协助赵元任先生编字典，又协助赵元任开办美国陆军特训班，两人于1947年合编了《国语字典》（*Concise Dictionary of Spoken Chinese*），再版过多次，一直到上世纪七八十年代仍在沿用；他俩也共同制定哈佛的汉语课程。杨联陞回忆当年经常流连在赵家，他说，他与赵元任至深的感情为"岂仅师生谊，浑同父子缘"。

在赵如兰眼中杨是父叔辈——她跟随许多汉学家尊称杨联陞为"杨公"。1946年杨联陞完成博士学位，开始在东亚系任教，赵如兰自传说："那时候杨联陞在哈佛教中国历史，是他提议我回研究院攻读中国音乐史的。"在杨联陞慧眼中赵如兰是可造之材，出身音乐世家，又已有西洋音乐史训练，是能扩展汉学界音乐领域的年轻人。

当年远东系很保守，上文提到视音乐研究为"旁门左道"的偏见就源于远东系。音乐系却很开放和明智，有多位音乐教授都支持赵如兰研究中国音乐史。西洋音乐史教授阿奇伯德·戴维森（Archibald Davison）很赞成她研究中国音乐史的计划，因此她名正言顺继多年前完成学士和硕士后又回到音乐系做博士研究生。1950年她一边全职教汉语，一边做半职读书，博士学位由音乐系和远东系一同颁发。赵如兰说："我以前不懂得怎样用史料，音乐系的Richard French是个严谨的老师，他要求课堂上六个研究生都到Widener图书馆的庞大书库里寻索文献从而学习运用史料，这让我在远东系里选相似的课前有个心理准备。"（《自传》）由此赵如兰得到美国研究史学方法的训练。

赵如兰说："因为我汉学训练特别差，杨联陞从头便用心引导我进入每个阶段。我上完数门必修的日文后，他便命我翻译林谦三（Kenzo Hayashi）二十世纪初写的一篇关于一份现存于法国国家图书馆里的第十世纪敦煌四弦琵琶乐谱的论文。林谦三引用了许多日本尚存相似的乐谱，杨联陞要我全篇翻译，包括所有的脚注，并尽可能找出中文和日文的原始资料，其中有些我多年后才在别的国家的图书馆里看到。我花了一学期多的功夫才把翻译草草完成，但这过程却让我受益无穷。"（《自传》）

上世纪五十年代是欧美音乐研究发展的重要时期。虽然大部分音乐学者只研究欧洲古典音乐，但是其中一小部分眼光远大的学者开始领略到欧洲古典音乐以外的广阔音乐天地，必须被包括在音乐研究范畴之内，这是今天已受全球公认的重要学科"民族音乐学"的萌芽时期。赵如兰受到当年几位音乐系教授的关键性教导。她说："五十年代初期音乐系来了个令人振奋的新教授，Otto Gombosi。他是位匈牙利的音乐理论家，是系里极少数课后和学生同去校外咖啡馆继续讨论的教授。我选了他的研讨课，另跟他上了个别导读的课，他介绍我看Curt Sachs的数本书，Sachs的《东西方古代音乐的源起》（*The Rise of Music in the Ancient World*）对我非常有启发。他的另一本书《乐器的内在精神与发展》（*Geist und Werden der Musikinstrumente*）借用人类学中的文化语境理论（kultur-kreis）解释乐器的迁移变化的关系，我因此对此课题有更深刻的思考。我的德文比日文好不了多少，花了很长时间才把此书看完，但一点都没有后悔。他很多观点现在仍影响着我，譬如他说音乐往往是因人们怕它消失，或从一个地方迁移到另一个地方时，才会被记成乐谱，我感到中国音乐文献不少是这样产生的。Gambosi教授很受学生爱戴，他1955年因心脏病暴发突然死亡，对音乐系是个很大的打击。我非常沮丧，甚至想放弃学业。""幸亏这时候尊·沃德（John Ward）教授出现了，带来很多新的想法。他又是个比较严格的人，替我排好博士口试的日期，考完后要我和杨联陞商讨拟定论文计划，而且要我定时交稿。我决定研究宋代的音乐文献，

约1985年，杨联陞、沃德与赵如兰（卞学鐄摄）

108

因我那时在音乐系和远东系各已选了史料课，可应付这样的题目。"（《自传》）

赵如兰对杨联陞的指导感激之情在她的《宋代音乐资料及其诠释》自序鸣谢中可见："1957年我开始写博士论文，由沃德教授和杨联陞教授为双博导，是他们的批评和指引才使我能完成论文。完成后沃德教授继续指点我的修改工作成书出版，但是我欠杨公的学术情则更为基层。第一，是他最先劝服我进行正式学习中国音乐。第二，他教导了我东亚文化各领域的研究方法。第三，当我最需要时他给予鼓励和支持"。

杨联陞的"琴人图"

赵如兰1958年获得哈佛燕京学社的奖学金在日本逗留了九个月，主要目的是到日本的图书馆寻访其珍藏的中国音乐文献。她经沃德教授介绍认识了日本著名音乐学者岸边成雄，协助她搜集资料，也引导她学习与中国唐代音乐渊源密切的日本雅乐。

1959年夏赵如兰回美国，次年便交了博士论文，毕业典礼上她获知论文得了哈佛大学的"卡洛莲·娃比奖"（Carolyn I. Wilby Prize），评为那年大学文理学院所有学系中最佳的博士论文。论文于1967年正式出版后获得美国音乐学协会（American Musicological Society）颁予最高荣誉的"奥托·金克尔蒂奖"（Otto Kinkeldey Prize），评为那一年美国最佳音乐史著作。这些荣誉奠定了她在美国音乐学界的崇高地位，也见证了杨联陞和沃德两位教导有方。尤其是从"汉学训练特别差"的日子到得到如此成就，则不但是她个人的努力和聪慧，也更见杨联陞悉心指导的功劳，能想像"杨公"心中是如何喜悦。杨联陞六十年代开始便因健康不良较少开课，但是赵如兰在学术上有什么问题仍去找他。赵如兰说："1990年他去世前数月，我去告诉他我当选了中央研究院院士，他高兴得几乎流下眼泪。"（《自传》）

杨联陞为了表达对赵如兰的钟爱，亲自画了一幅《停琴听松图》祝贺赵如兰完成论文获得博士学位。图中央是两位琴人，一人双手交集于琴上，停下不弹，另一人在他对面，上身略向后靠，似在交谈或倾听，他们身处高大的古松之间，远山延绵纵横。左上角上下款为"学鏄吾兄、如兰女弟雅属，己亥秋日，杨联陞"。杨联陞以琴喻他与

杨联陞的《停琴听松图》（Jed Reynolds 摄）

110

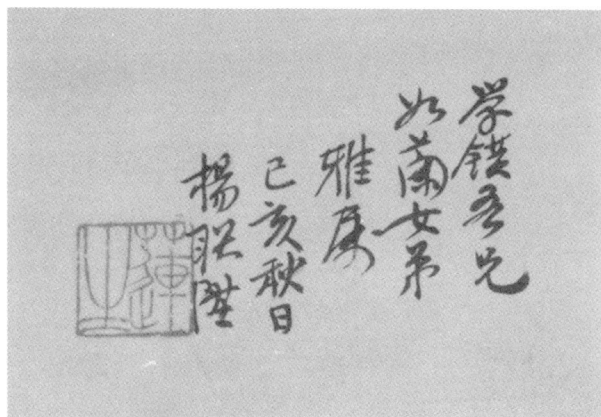

《停琴听松图》的款识

《停琴听松图》中的人物细节

赵如兰两人为知音，也点出古琴在赵如兰论文中所占重要地位：第一章中详说《白石道人歌曲》和《事林广记》中有关古琴的资料，是古琴史料中除《幽兰》文字谱外现存最早的减字谱，且是没经过明代清代修改的原件。第三章解释了这两部著作中的琴谱的减字符号。第四章中，她把《白石道人歌曲》和《事林广记》中的琴曲译成五线谱。

在诸学生中杨联陞对赵如兰另眼相看，这不单因为她是赵元任的女儿，是自己唯一或极少数的女性博士学生，而且是因为赵如兰不负他的期望，她的《宋代音乐资料及其诠释》是首部以英语发表的中国音乐严谨学术专著，在美国汉学和音乐学界创出新天地。还有另一原因是杨联陞

1997年，赵如兰在剑桥家客厅弹琴（温秋菊摄）

几位著名的学生在进哈佛前都是早已有文史的训练，所谓"带艺投师"：余英时从北平燕京大学历史系毕业后，入读香港新亚书院及新亚研究所，师从钱穆；杜维明毕业于台湾东海大学中文系，师从徐复观和牟宗三。赵如兰则出身西洋音乐史，在文史研究上起步很晚，因此杨联陞从基础起的教导必定格外严格和重视，完成论文后得到大学和音乐学界殊荣，也必定让他心中额外欣慰。

1959 至 1960 年间赵如兰和卞学鐄搬进剑桥的勃拉透圈 14 号，收到《停琴听松图》后就悬挂在客厅正中大壁炉上方的墙上。人来人往，在欣赏之馀，有多少仰慕者领略到这幅画所承载的师生情谊？

1997 年，叶嘉莹在《停琴听松图》前主讲"剑桥新语"（温秋菊摄）

一幅琴人画，师徒三代缘

　　我早年博士论文在赵如兰教授指导下写粤剧唱腔，近年发表多种有关瞽师杜焕的广府话说唱，但是从上世纪八十年代起的四十多年中，出版、发表最多的是有关古琴的专著和文章，而启发我对古琴兴趣的也正是赵教授。1969年进哈佛时就读了《宋代音乐资料及其诠释》，印象最深的是古琴部分。受赵教授指导也读了高罗佩的英文版《琴道》（The Lore of the Chinese Lute），从而对古琴有了些初步认识。

　　1976年，赵教授读了年轻学者张世彬博士刚出版的《中国音乐史论述稿》，立即邀请并安排他在哈佛大学燕京学社做1976—1977年访问学者。张世彬是古琴大师蔡德允的得意门生，在香港的琴人中已备受注意，曾留学日本，当时在香港中文大学任教。他在哈佛的那年，我在不太远的康奈尔大学做博士后，经常回剑桥探望赵教授，因此也认识了世彬兄。每次见他就向他请教古琴的各种疑问，听他弹奏，观察他打谱，也在他指导下初次学按弦、调弦和弹短小琴曲，在半师半友关系下互相深入认识。1978年，我受他推荐到香港中文大学音乐系任教，期望能和他做较长期的同事。又得知赵教授将在同一学期被邀请为中文大学的访问教授，更是高兴。我9月初到任后的第二天，系主任告诉我，说他刚收到消息，说张世彬在广州旅馆里逝世，原因不明，可能是长期患忧郁症导致。晴天霹雳，失去了一位同事和朋友；震惊意外之馀，必须打起精神独自负担起中国音乐课程。

中文大学供给我和赵教授各一层教员宿舍，赵教授的是三睡房大公寓，我职位低微，只是一睡房的小公寓，但是近在咫尺，经常约好一起进出城中。在剑桥时世彬兄鼓励我们到香港后拜蔡德允先生为师学古琴。1978年9月初我们刚到香港才几天，就约好了时间拜访蔡德允先生，恳求她收我们两人为学生。蔡先生那年已七十三岁，不轻易收学生，但是对我们的要求立刻答应，无疑她早已知道赵如兰是名教授，又是赵元任的女儿，又曾邀请她的爱徒张世彬去哈佛，而世彬兄也可能向她推荐过我俩。我们得到蔡先生同意后，每星期一起去上课一次，午饭后出发到蔡老师居住的香港岛北角区。从新界沙田区中文大学先坐火车过狮子山隧道，然后在红磡终站坐渡船过维多利亚海港到北角码头，再徒步经四五条嘈杂的街道，爬上三层楼梯才到蔡先生家门，两人路上有伴倒不觉得烦。我忘了谁先谁后，总之是谁上课另一个就旁听。上完课就照例吃点心，谈谈说说，向蔡先生告别时已太阳西斜，再渡船火车一番，回到大学时已是晚饭时刻。那年年底赵教授需回哈佛，我则继续学习一直到1980年底，一起上课那三个多月真令人怀念。随后的几十年我发表了好几篇有关古琴的文章，出版了几本专著，每篇文字有机会就请教赵教授，把中心论

1997年，赵如兰与荣鸿曾（卞学鐄摄）

点提出，听取她的意见，并作修改。

赵教授2013年11月30日逝世，2014年3月30日我们几个学生联同卞、赵两位的家人举办了两人的追思会（卞先生几年前已先走了）。会上除了放幻灯片和简短演讲外，赵教授的几位学生以音乐怀念两老，参与的包括余少华、吴森鑫和梁雷。最后我弹奏了琴曲《阳关三叠》，纪念我和赵教授一起学习古琴和多年来受她教导的历程。在弹奏之前我先简述了那三个月在香港难忘的日子，《阳关三叠》也是当年一起学的琴曲，我以中英文朗读王维的四句古诗《渭城曲》，读到"西出阳关无故人"时忍不住热泪盈眶。

赵教授几年前已答应把所有乐器、书本、录音带、唱片、相片、笔记等捐赠给香港中文大学图书馆。她走后，赵教授的独女卞昭波（Canta）负责清理家中无数的艺术品。我私下问Canta，能否给我杨联陞的《停琴听松图》作纪念？她答应了，不久我就收到这幅画。现在这张"琴人图"悬挂在我家已快十年，我每天都望上几眼，追思赵如兰教授，也遐念我们的三代师生情缘。

2022年10月16日稿
美国华盛顿州北岭寒市双琴居

陆丹林二三事

黄大德

　　陆丹林是个有故事的人。人以"中国近代史上重量级的人物"评之，南社诗人陈仲陶说"掌故罗胸得几人，并时郑陆两嶙峋"。郑者郑逸梅，陆者陆丹林也。他才高八斗，学富五车，集史家、评论家、美术活动家于一身，为文信手拈来，倚马可待，文章锦绣，著作等身。他曾说："近代人物的生平行谊，是史料构成的要素；因之，对于近代人物不得不特别的注意了。"可惜的是，对他的研究实在太少太少了，甚至连他的生平行谊，也是一片空白。偶有涉及，只是概而述之，其中亦有错谬。

　　有文章说陆丹林黄花岗之役前加入同盟会。到底何时加盟？所任何职？没人根究。他在《光复时期的广东社团》（1962年）中，说写的是"五十年前所见所闻的琐事"，看来身份并不一般。

　　郑逸梅说陆丹林二十年代后期到上海。但据陆丹林在

陆丹林

《徐谦与救国会》中说,1918年他任司法部佐理秘书、《博济》月刊主编、广东基督救国会编辑部职员,1922年他已在上海中华全国道路建设协会工作。

1949年后,陆丹林在上海一个中学从事教育工作,据说他曾指着一幅描述烧鸦片的图画对学生们说:"这是胡说八道,鸦片怎么能用火烧毁?销毁鸦片,是将鸦片泡到石灰水里。"后来还在《新民晚报》写了文章。反右时敢言的陆丹林眼看要被打成"右派",他捧着孙中山先生送他的题字来到书记的办公室,把写着"博爱"两字的匾放在办公桌上,说我是跟随孙中山先生的,我是同盟会的革命者,我怎么可能是右派?于是得以幸免。

郑逸梅又说,陆丹林的藏书全部捐赠给三水图书馆。

但笔者九十年代初专程往三水图书馆，得到的答复是没这回事。

陆丹林的生平行谊，有如一个谜。

陆丹林与家父的交往

笔者之所以关注陆丹林，固然是因为他是文史界泰斗级的人物，治史不能不关注，此其一也，其二是因为家父黄般若与他是好朋友。二十年代家父每年必往上海等地与画家、收藏家谈画论艺，那时已和陆丹林互有往来，并亦曾作画为他祝寿。

1937年上海沦陷后，陆丹林避地香港。黄宾虹有《淞南醉别图》为证："同醉淞南旧酒楼，引觞无计可销愁。不堪风雨东南急，白浪掀天送客舟。沪陷敌后，丹林赴港主办《大风》旬刊，爰作淞南醉别图赠行。"由于香港特

孙中山给陆丹林的"博爱"横披（刊于《广东文物》）

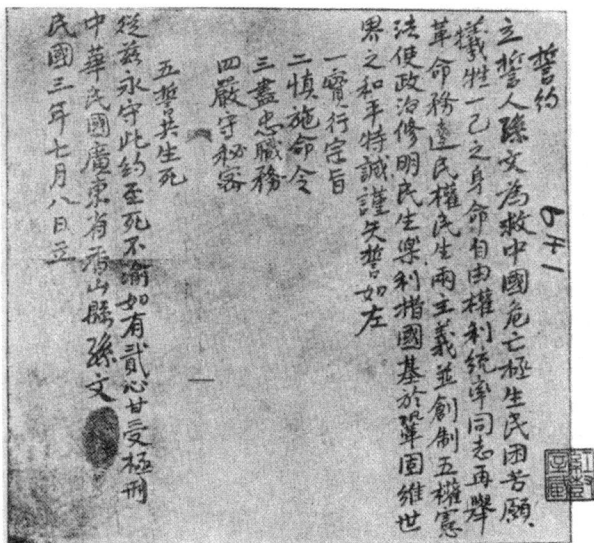

孙中山参加中华革命党誓词，陆丹林藏〔刊于《广东文物》〕

殊的地理位置和文化环境，大批文化精英都把香港当作驿站，一时间，群贤毕至，少长咸集，香港的文化事业空前蓬勃和繁荣，成为当时媲美上海的文化中心。而陆丹林凭着"名编"及其无与伦比的人脉关系（正如郁风在《抗战时期的香港文学》中所说：陆丹林先生是南社成员，也是从事编辑写作的学者，全不是靠吃党饭上来的），而且还成了这个中心里的核心人物，在创办《大风》杂志的同时，他被公推为留港文艺界每半月举行的茶话会召集人。中华全国文艺界抗敌协会香港分会成立时，即由陆丹林朗读宣言，并被大会选为干事；他还主持香港文艺协会会员活动；中国艺术品运苏展览会在香港征集展品，他是审查员和征集人。中国文化协进会成立，他任理事会常委。"广东文物展览会"筹备时，他是筹备委员会委员兼执行委员。他还要出席各种美术、书法座谈会等等。直至香港沦陷前，文化界的所有活动，都可见陆丹林的身影。

二十年代黄般若作为国画研究会的代表人物，曾与高剑父的弟子方人定有过一场论争，尽管当时争得仿佛脸红耳赤，双方却从未谋面。据方人定遗孀杨荫芳回忆："1938年，方人定在香港开个人抗战画展，陆丹林来找他，说：你的敌手想来见你呀。方人定问：谁呀？陆丹林说是黄般若。方说：什么敌手！于是方黄两人一见如故，成为好朋友。1939年，方人定去美国开画展，黄般若两次为方人定饯行，一次中餐，一次西餐。席间方人定自然又谈起论争之事，向黄般若道歉。黄般若哈哈大笑说：这不能怪你，你是受了高剑父的蒙蔽。"方黄释怨，成为艺坛一时佳话。抗战胜利后，我父亲在广州文明路的广东文献馆工作，并在文德路经营友石斋，方人定每到文献馆，也顺便到友石斋找我父亲聊天，并把他的画作放到友石斋寄售。

在各个美术活动的场合中，黄般若和陆丹林几乎都形影不离。1940年香港举办广东文物展览会，他俩同为筹备委员会委员，陆丹林兼任出版组主任，我父亲兼任总务组主任，可谓朝夕相处。

香港"广东文物"展览开幕合照。左三叶恭绰，左四（穿西装戴眼镜者）为陆丹林

1941年12月8日，日本发动太平洋战争，23日香港沦陷了。陆丹林是这样记述当年情况的：

> 香港，是在一九四一年十二月八日发生战事，九龙不到四天，便沦陷了。香港因为他是海岛，四面有水，敌人不容易登陆，所以能够多守卫些时期。可是因为当地兵力单薄，没有援军，也难以保卫。但是英军上下一心，努力的抗敌，虽然经过了两次的倭寇和平攻势，派遣所谓"和平使者"，来港商洽条件，也遭港督严辞拒绝，非战到最后，不肯中止。

香港"广东文物"展览开幕典礼全体合影。前排右一为陆丹林，后排右一为黄般若

七姊妹（英王子道）的几座火油库被烧了，黑烟冲天，几日几夜没有停息。赤柱，筲箕湾等地，给倭兵登陆，血战了几天，敌军有增无减，而且逐渐的西进。在九龙方面射击到香港的大炮，一发就是连续数十响□把史□士道的汽车□（栈道式的）附近打得七零八落，蓝塘道，铜锣湾一带，倭兵侵袭到了。

沦陷的情景，留给我哥哥毕生难忘的回忆。

当时香港人一般都以为日军会在海岸登陆，跑马地比较安全，因此纷纷跑到跑马地那边避难。我们家刚好住在跑马地成和道，在沦陷前的几天，小小的家挤满了人，陆丹林和他的夫人朱杏如，卢振寰一家大小，还有记不清名字的友人，连走廊过道都睡满了人。日军占领香港后，司令部下令放假三天，任由日本仔到处奸淫掳掠、放火杀人、拉花姑娘。三天过后，日军重新集结，他们带着宪查（他们实际上是香港黑社会分子，又称"胜利友"）先把所有的人全部赶出屋外，逐家逐户地搜查。在我们家里，他们搜到了一颗子弹壳，见状个个都惊恐万状，原来那子弹壳是卢振寰的大儿子捡来玩的，卢太让小儿子出来承认是他捡的，日本仔用枪托打了小孩的头，卢太立即跪下叩头，说是小孩不懂事，苦苦求饶，这才放过了他。

话说陆丹林被赶出街时，大概知道自己是香港的知名人士，因此倒也机警，抱着我哥哥，用我哥哥的头来掩护自己，逃过宪查的眼睛。那天，陆丹林再没有回来。第二天，那些宪查再度上门。当时我哥哥正在蹲"屎塔"拉屎，父亲去开门，宪查气冲冲地指名道姓要我父亲交出陆丹林，想必是昨天得知了他的行踪。父亲说陆丹林昨天出去了没有回来。宪查便到处乱翻，找不到人，但还死活不肯走。父亲知道他们的"规矩"，便把手上的手表拿下来，还拿了两条香烟，低声下气地递给他们。他们才放话说如果陆丹林回来了，马上报告，这才扬长而去。

这一天之后，陆丹林再没回来。过了没几天，报上刊登了一幅港督与陆丹林在虎头山吃老虎肉的照片。一个月后，我爸爸以五百元变卖了一个石涛手卷（现此卷为至乐楼收藏），换得等值日本军票，带着一家人返回广州。

陆丹林离开我们家后经历了些什么呢？他是如何到重庆的呢？我哥哥听父亲说，他在离开我们家三天后，便被日军抓住了，脖子上架着一把军刀，让他答应做汉奸。他不得不从。据他后来说，慷慨赴死易，从容就义难。几天后他又逃脱了，几经周折，由广州湾经曲江到了重庆，报告了自己在香港的经历，国民政府让他写了悔过书，然后批下"永不录用"四个字。结果他从此失去了公职，在重庆，他只能在国立艺专当个教授，此后一直在教育界工作。

后来我在1946年香港《正报》上看到一束《敌占期间香港文化活动》的消息，说陆丹林在1942年1月25日至2月19日参加了七次"香港东亚文化协会筹备会议"，而陆丹林被推选为该会理事。去秋在香港与小思一聚，谈及陆丹林往事，小思告知，据能找到的资料所见，陆丹林名字不见于会议名单内，而当时的日本人喜与文化人合照，更喜在汪伪刊物上刊登举国闻名的文化名人的旧作。因此，他和港督吃老虎肉的照片和"香港东亚文化协会筹备会议"上的名单都可能是假的。

那么，他是什么时候，又是如何逃离香港回内地的呢？1944年，他在《公路月报》上发表了一篇长达万多字的《冲出虎穴记归乡——由香港穿广州经西南入韶关》，详谈了自己逃离的经过。据他自述是"三十一年四月"动身离开香港的。但偶翻陈君葆日记，又不对了。陈君葆在1942年

5月2日的日记中写道："晨早在电车上遇见陆丹林,他问我道:'您穿起这个(指灰布长褂)留起胡子,是有孝服吗?'我说,这些年头,不穿这个,穿甚么呢?这时我才注意到他所穿的是一套新做也似的西装。"

谜!他在这数月中做了些什么?后来他是如何逃出香港的?至今依然是个谜。

陆丹林四十年代存放于我们家中的书籍,五十年代父亲遵照他的意见分批寄沪或交冼玉清。六十年代初,父亲

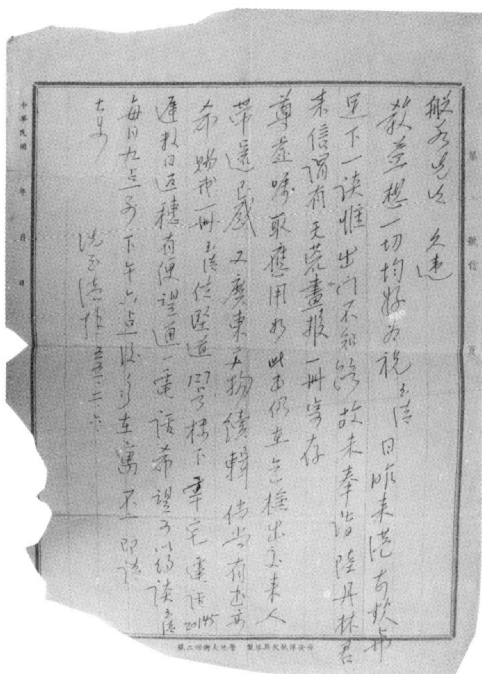

冼玉清1955年2月6日致黄般若信,索取陆丹林留下的《天荒画报》

127

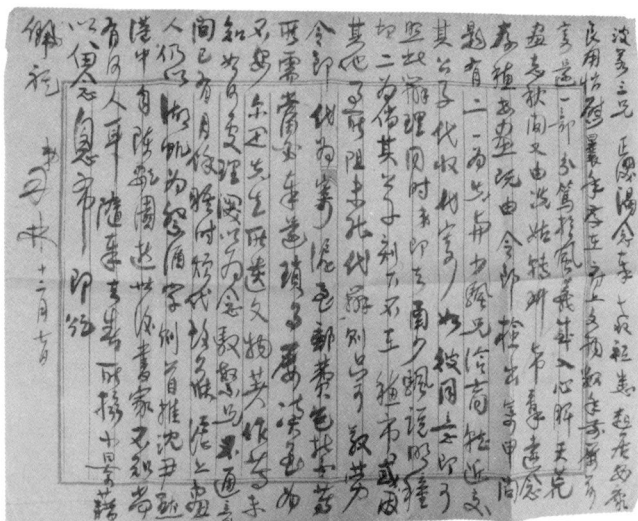

陆丹林1955年12月7日复黄般若信，言收到《天荒》及寄上的书画

举办"香江入画"展览，并寄赠便面一页，他收到后寄来热情洋溢之函，盛赞其作品"融合米家父子、高房山、石涛诸家笔法，生面别开，钦服无任"，又称赠画"远山近水，莽苍萧疏，构图新颖，意境旷邈，与二十年前作品迥异。鲰生何幸，得此双面画筐，足以傲视朋侪矣"。

情痴陆丹林

我哥哥藏有一张吴湖帆1935年给父亲的便面，写的是一首词：

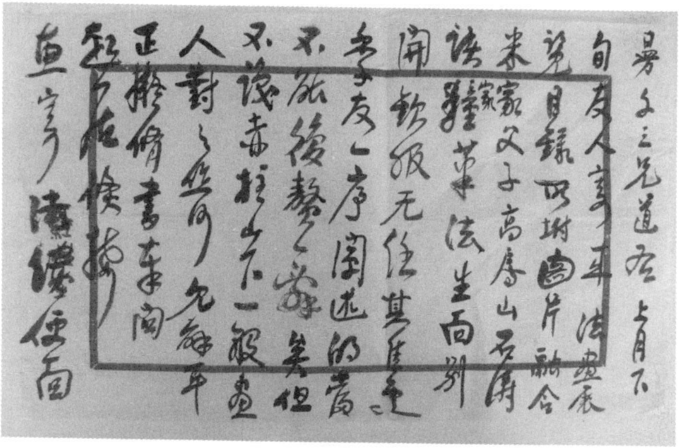

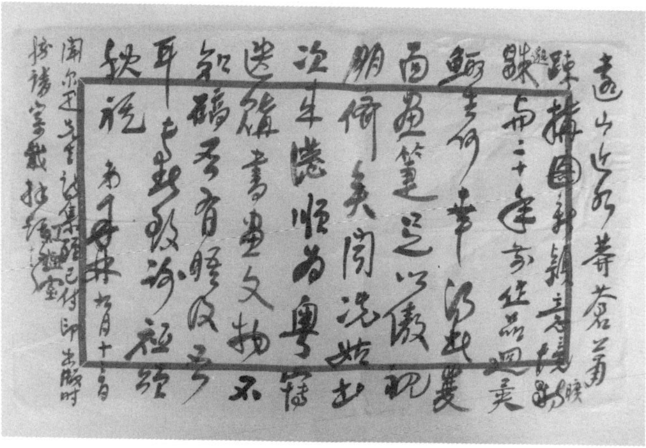

陆丹林1960年9月13日致黄般若信

意中有个人如玉，几番拨尽相思曲。看到蹙眉峰，无言尤感浓。　　真真何处去，往事如云雨。寄语有情天，阿谁恶剧怜。

《菩萨蛮》为丹林题大千画心丹像。乙亥四月，般若先生属书。

这位心丹，本名萧山韦，字逸冰，广东鼎湖山人，毕业于广东的师范学校，陆、萧两人一见钟情，但陆丹林因已结婚，不欲背骂名，而萧女士此情不渝，改姓韦（韦者，违也），更名心丹，远走他乡。陆丹林随即在1922年请郑午昌为绘《顶湖感旧图》，画中山峦连绵，林木葱茏，一座凉亭下，一对痴情男女偎依缠绵，笔法细腻而情节动人。郑氏在题跋中写道：

萧山韦女士，秀慧绝世。丹林陆子与有白首盟。顾使君有妇，两大难容，雀角鼠牙，讼与闺闼。女士虽愿未尝而情不渝，更名心丹，黯然远引。丹林亦嗒焉若丧，东走海上。偶话前尘，辄为泪下。而于壬戌暮春鼎湖情事，尤萦寤寐，爰属写此图，以志幽恨。余念亡友印仙女士，南屏墓草，今已九青。有情眷属，总遭天妒。陆、韦虽漂泊海角天涯，或当相见，以视死生契阔。则鼎湖山高，或不及西湖水深也。图后三日剡溪郑昶并记。

画成后，陆丹林珍而秘之，甚少示人，直到1927年心丹客死异乡，陆丹林按捺不住，分别请于右任、黄节、黄宾虹、谭泽闿、金梁、姚华、蔡哲夫、谈月色、柳亚子、王师子、夏敬观、陈运彰作诗题画，并请张大千为绘丹心肖像（但若不是有吴湖帆之诗，人们至今不知肖像为张大千所作）。

1931年2月24日，陆丹林以"自在"之名，在《申报》发表了《顶湖感旧记逸冰》一文：

> 昨过枫园，红树生示我《顶湖感旧图卷》，图长三丈馀，制作甚精，出于郑午昌手笔，为生纪念其畏友逸冰者也。逸冰籍隶鉴湖，生长岭南，毕业粤女师范，工艺术，能文章，性情高古，睥睨群伦。年至二五，尚未字人，戚友有劝婚者，辄一笑置之。既晤生，一见如故，欢若平生。生虽有身世难言之恫，女士矢志相交，论文谈诗，颇以为乐。旋因他故，中途分袂，相思两地，惟有寂寞诗书。生摅怀旧之蓄念，绘图以志惓惓，盖亦不胜天末飞鸿之感矣……

然后录郑午昌的画跋画及柳亚子《摸鱼儿》调一词。这是陆丹林以第三人称对萧女士恋情的唯一的叙述。不过，他在文中对郑午昌题跋中的一些关键字句作了些删改，如删去了"顾使君有妇，两大难容，雀角鼠牙，讼与闺阃"及

"更名心丹"、"陆、韦"多处。由此可见，他并不希望人们知道他与心丹的关系，只把这段情深深地埋在自己心底，因此，姚华在题跋中也说"不知图何作也"，文坛的"八卦"大师郑逸梅也从未记述过这一逸事、趣闻。当然，吴湖帆、张大千是一个例外。

九十年代，曾有一本专写上海女性的书谈及冯文凤，说是在陆丹林怀里溘然去世的。果真？

上世纪之初，上海有不少广东人，如苏曼殊、邓实、黄节、易大厂等，大概是同乡同声同气的关系，陆丹林都与他们十分要好，当中的粤籍女文化人，虽也有几个，但最为才气横溢的当属冯文凤。因此她的出现引起了陆丹林的格外关注：她首度到沪办学，他为文介绍；她的书法被评为全国第一名，他当即与叶恭绰、吴铁城、王一亭、黄宾虹、潘兰史等为她制订《鹤山女子冯文凤鬻书》广告；他在《介绍几位女书画家》一文中，把她列于第一人，从她的家学渊源、从艺履历、获奖情况、诗书画的特点，细数无遗。最后的评价是："她的性情很豪爽，热心服务社会和帮助朋友，十足表现华南女性的美德"！

此际的丹心女士已逝，如此具有十足华南女性美德的冯文凤，可以说十分有可能取代丹心的地位。

六十年代陆丹林在《广东文史资料》所撰的文章中，多处谈到冯文凤。在《我知道的冯自由》中说冯自由请冯文凤写过字；冯自由不断说孙中山在香港雅丽氏医院学医，陆丹林多次加以纠正，但冯自由仍坚持，后来陆丹林让冯文凤拍摄香港大学所藏存的孙中山毕业医科证书，以此作为证明，指出冯自由不根据第一手资料写作的明证；在《粤秀山"三老楼"》中说，孙中山移葬紫金山时，陈少白在上海东亚旅馆住了两个月，约了王秋湄、冯自由、马君武、张竹君、陆丹林叙谈，并让陆丹林"转约冯文凤同来，好做张竹君的女陪客"。由此可见陈少白也知道他与冯文凤的密切关系。

冯文凤对陆丹林又是如何？据悉董桥收藏了她书赠陆丹林一联："洗桐拭竹倪元镇，较雨量晴唐子西。"董桥在评曰"精绝神妙"。又陆丹林的好友高伯雨在《春风庐联话》中记载，陆丹林四十寿辰时冯文凤集宋词以贺："重阳过后（晏同叔《少年游》），好个霜天（汪彦章《点绛唇》），知多少词流（徐一初《摸鱼儿》），愿公更健（姜白石《玉梅令》）；湖海平生（辛稼轩《满江红》），一宵歌酒（吴梦窗《瑞龙吟》），有丹青相伴（周美成《丁香结》），胜友俱来（曾纯甫《减字木兰花》）。"

更靠谱的证据，应是传说中的陆丹林曾请人绘《丹林忆凤图》，遍邀名人题咏，并以《鼎湖感旧图卷》的方式精心裱成长卷。此图虽未外流，但广东著名的词学家、书法家朱庸斋（1920—1983）在《分春馆词》中，收录了《三姝媚·题枫园忆凤图》。序曰："图为陆丹林有悼亡姬而作。姬以凤名，当弥留际，口占'何生再倚枫园月，拥鬓低吟漱玉词'一绝方逝，尤为丹老所不能已于怀者。"词曰：

> 江枫红欲悴。点吴霜凄凄，濯妆临水。到骨西风，记病来偏怯，镜脂凝腻。小劫华鬘，情天远、相思何计。碧落依然，枉道钗盟，未教轻弃。　肠断馀香销被。便按彻秦箫，倩魂知未。秀句空留，怕素蟾终负，约鬓低髻。梦醒芙蓉，花纵好、醉秋无地。拚却团圆今夜，鸳衾倦起。

朱庸斋老先生直把冯文凤这个红颜知己视为陆丹林之姬人，可见此事在当时已流传甚广！

辛丑岁末，陆丹林家乡三水政协邀陆丹林子女回乡省亲，过穗，邀余同叙于广州酒家，席间畅谈甚欢。忽想起陆丹林和冯文凤的传说，遂不顾冒昧一探真假。陆公子大光听罢，挥手笑曰：无稽之谈！

从顾澹明到陈仁涛、张大千

——书信里的域外贩画故事

许礼平

一

　　拙藏顾澹明致周墨南手札一通二纸，内容涉上世纪五六十年代域外书画交易生态，特拈出一谈。

　　发信者是顾澹明。顾澹明是谁，可能现在很多人不知道。顾澹明（1904-1973），室名蕴正斋。原籍苏州，寄籍番禺。曾供职报界。喜书画，擅山水，尤工人物。

　　广州沦陷时期，顾澹明是广州伪政府的宣传处负责人。香港沦陷前他代日伪派钱与香港的传媒，给他们"好处"，以求不要骂日本人。很多家传媒有钱照收，而《工商日报》坚决不收。因"工商"系何东公子何世礼将军主持，

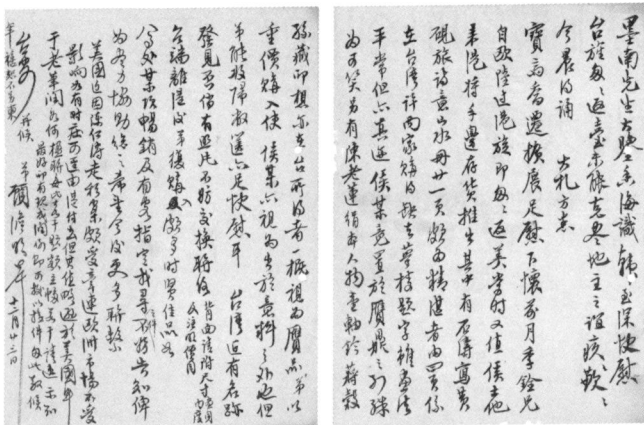

顾澹明致周墨南手札

何家大把钱，世礼系抗日志士。

顾澹明有女儿，是在六十年代把一曲《阿里山的姑娘》唱得回肠荡气，人称"小云雀"的顾媚。顾澹明更有儿子是名作曲家，那就是顾嘉辉。

五十年代，顾澹明住在铜锣湾的敬诚街，黄般若也是住在那个地方，他们楼上楼下，顾住的是天台木屋。顾能书能画，五六十年代，经营书画，亦靠仿制名家书画谋生。《黄霑看黄霑》一书有言及"我曾在辉哥家中看过他（顾澹明）几幅仿齐白石的戏作，只觉真伪难辨，如非高手，不克臻此"（页314）。顾更擅长仿康有为。

受信人墨南，即周墨南。周墨南（1916–1992），山东胶县（今胶州）人。抗战间参加鲁苏战区敌后游击工作，

顾滄明　　　周墨南

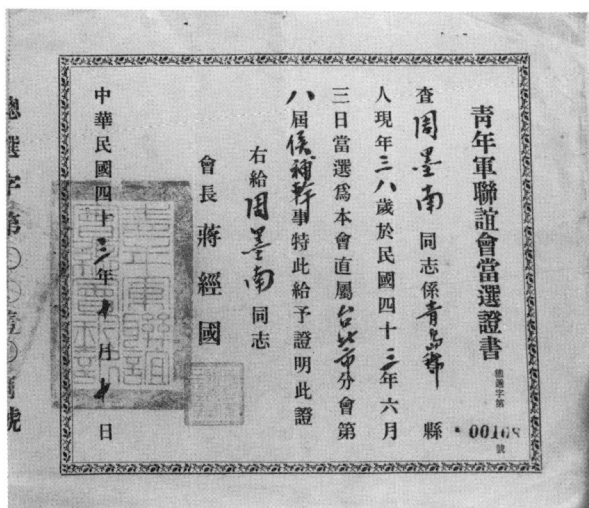

周墨南青年军联谊会当选证书

137

后来加入国民党，获保送去重庆，考入复旦大学，专攻政治。毕业后加入青年远征军，又曾入军委会干训团受训，并在国防部新闻局、人民服务总队等单位任政训指导员，解放前夕自青岛赴台，以上校军阶退役。转承家学业书画古董，在书画界人脉颇广，与于右任、溥心畬、张大千、台静农等人交往。《名家翰墨》丛刊有一本台静农法书集，其中有一开隶书横幅"博文周览"，上款人墨南先生，就是他。2012年，西泠拍卖一本《六中全会代表致青年军周墨

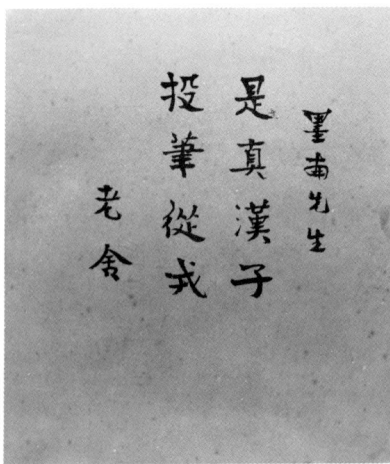

老舍为周墨南题辞

台静农为周墨南题"博闻周览"

138

南题辞》册，有冯玉祥、蒋经国、顾颉刚、老舍等数十位名流题辞，洋洋大观。可知周氏之活跃。

二

顾澹明致周墨南信件可分为五点信息。试为释出。

其一是：函中内容涉及台湾、香港的书画买卖，远及欧洲、美国。信中透露了"侯士他来港将手边存货推出"。

解释：侯士他是音译，他本人姓名是 Walter Hochstadter，一般译作"侯士泰"，1914年6月13日生于德国克伦巴赫 Krumbach，2007年7月8日卒于澳大利亚墨尔本。德裔犹太古董商，三十年代末移居美国，东方陶瓷学会会员（美

侯士泰（Walter Hochstadter）

国，1953-1982）。侯士泰个子高高的，外号"高江村"，五十年代来往香港、日本、美国，收购各地书画文物，供应给美国的博物馆。

虚白斋刘作筹先生曾说过，约莫1953年，侯士泰在日本得到《朝元仙仗卷》，这个消息给王季迁知道，于是王在美国向很多博物馆吹风，说武宗元传世作品只有《八十七神仙卷》，现在北京徐悲鸿那边，是武宗元唯一真迹，而其他挂武宗元名款的画都是假的。因之，侯士泰拿《朝元仙仗卷》回到美国，博物馆都不要，卖不出去。后来王季迁就用几件明清书画，换了侯士泰的《朝元仙仗卷》。以后，王季迁则又改口说这才是武宗元传世唯一的真迹，徐悲鸿

虚白斋刘作筹　　　　王季迁

武宗元《朝元仙仗卷》局部

藏的那件是假的。至此，侯士泰发觉中计，认为受骗了，诉诸法律，告王先生骗他。时维1954年。

王季迁老先生曾跟我说过，他是东吴大学法学系毕业的，但是从来没有做一天法律的事务，只有侯士泰告他的那一次，他在法庭自辩。法官问王先生，你懂中国画吗？

王先生很谦虚地说，中国书画非常深奥，我到现在还没搞懂。法官问侯士泰，你懂中国画吗？侯素以专家自居，说懂。法官就对侯说，你是专家，王先生不懂中国画，不懂的人怎么能骗你懂的专家呢，判侯士泰输。侯输了官司，还被羞辱，真是赔了夫人又折兵，十分生气，也因此意兴阑珊，不玩了。所以这封信里面就提到，侯士泰到香港来"将手边存货推出"。后来，侯的存货大部分就为何耀光所得。当时何先生在香港接政府工程盖房子，赚了不少钱，也就买了不少书画。可以说，这信札旁证了艺术史上的一件趣事。

其二：函中关于《石涛写黄砚旅诗意山水册》廿一页。

解释：这个黄砚旅是黄宾虹很远的先祖，石涛这个山水册有王文治对题，有好多开，但是已经散开，不完整了。北京故宫藏有四开，前几年在澳门艺术博物馆曾经展览过。

其三：顾氏函中指斥侯士泰不懂书画。

解释：侯竟认为石涛这二十几开山水册是假的，以低价让给何耀光，顾澹明就说他"殊为可笑"，说侯不懂。

其四：函中说"购入颇多时贤佳品，如尊处某项畅销及有客指定找寻之件，不妨告知，俾为尽力协助"。

解释：这是顾澹明兜揽生意也。顾在香港招揽订购于右任书法生意，台港交流，互通有无。

其五：函中说到"美国近因陈仁涛走私案，颇受牵

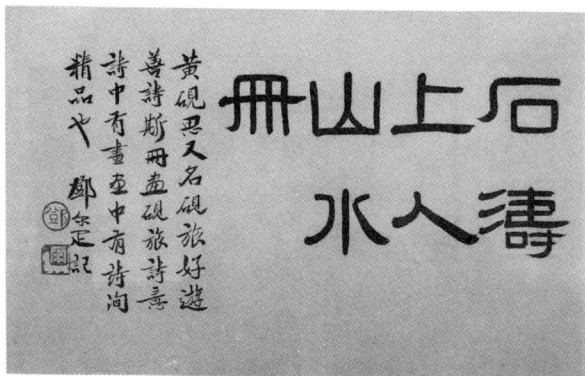

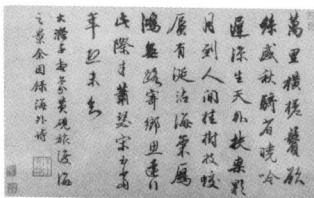

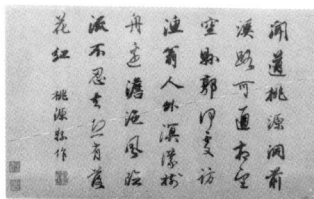

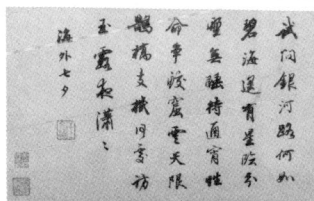

石涛《黄砚旅诗意山水册》

何耀光　　　　　　　　陈仁涛

连"。

解释：陈仁涛（1906—1968），浙江镇海人。三十年代在上海搞银楼、房地产，又经营仓库业、木业、棉纺、航运业等。陈为人精明干练，纵横商界，积累丰厚资财，喜收藏古玩书画。三十年代搜集古钱，得稀世之珍西汉王莽古钱"国宝金匮直万"，因取为斋名"金匮室"。陈仁涛有眼光，有魄力，往往看准目标即大手笔购置。其藏泉最精最富，允称藏泉第一人。

抗战胜利后，陈仁涛移居香港。时沈阳故宫所藏书画流散，陈氏与谭敬、程伯奋、徐伯郊、张大千往来，得"东北货"宋元明书画不少。如董源《溪山雪霁图卷》、刘道士《湖山清晓图轴》等。短短几年之间，已集藏有黄筌、石恪、董源、巨然、刘道士、孙知微、王诜、刘松年、赵令穰、米友仁、梁楷、马麟、赵孟頫、黄公望、王蒙、方从义、戴进、沈周、文徵明、唐寅等名迹。

1951年开始，陈仁涛陆续将其藏品整理，先出版了《金匮论古初集》，后来出版《中国画坛的南宗三祖》（董源、巨然、刘道士）和《金匮藏画评释》、《金匮藏画集》二大册，以及《金匮论画》、《故宫已佚书画目校注》等。傅申先生曾说，五六十年代他就是看陈仁涛这些书学习研究古书画的。

五十年代容老（容庚）也帮陈仁涛审定书画，商讨青铜器。后来"文革"时容老被批判，其中一条罪状是为资

《金匮藏画集》

145

陈仁涛伉俪（左）、马临伉俪、马鉴伉俪

产阶级服务，说的就是为陈仁涛服务。陈仁涛的女婿是从前香港中文大学的校长马临教授。

陈仁涛居浅水湾，曾邀翁万戈至其宅观画。翁先生是翁同龢第五代孙子，在美国军部工作。翁先生有一次来香港，陈仁涛请翁先生到他浅水湾的家里坐，看书画古董，陈跟翁先生说，你在美国有这么多熟人，跟收藏家、博物馆的人也熟，如果你介绍他们买我的书画古董，我可以按行规给你一成佣金。翁先生很感谢他，但是翁先生说没有这个兴趣和时间，他不是从事这个行业，他是在美国军部搞摄影的。

那陈仁涛牵涉的走私案，是怎么一回事呢？

三

上世纪五十年代初美国围堵中国，有所谓禁运。美国人觉得中国的古董书画运出来贩卖，换取外汇，对美国是不利的，所以连书画也是禁止输入美国。陈仁涛不理会美国这法例，照样贩卖书画去美国，继续做他的书画生意。陈与美国驻港总领事相熟，还很"牙擦"地跟美国驻港总领事说，你们的禁运只是废纸一张，我的东西还是照样卖入美国。美国驻港总领事报告华府，所以FBI就介入调查这个事情。

这一调查，麻烦了许多人。其中有张大千弟子方召麐（方安生她妈），她行走欧美，也是为陈仁涛奔走卖书画。有一回，FBI干探在美国逮住方召麐，两个大男人逮着她，她说我要上厕所，请等一等。方召麐上厕所是带着手袋，手袋有护照有机票，从另外的门逃出，直接就往机场飞加拿大，不吃眼前亏也。

FBI也去调查翁万戈先生，翁先生对FBI来调查的人说，请等一等，我请律师来跟你们研究。翁先生就把他继承翁同龢的藏品全部做了个清册，证明是1948年从上海运到美国，通过一位白俄帮他弄的，所以是不受这个禁运条例影响的（条例是1950年12月17日前进口均无问题）。

FBI也传讯王季迁，王惊恐万分，翁去电教他让律师帮忙处理。这些内情是九十年代初翁老来香港时，我去尖

AMERICAN PIONEER LINE
UNITED STATES LINES CO.
(SPACES IMMEDIATELY BELOW FOR SHIPPERS MEMORANDA—NOT PART OF BILL OF LADING)

B/L No. 11

EXPORT DEC. No.

FORWARDING AGENT—REFERENCES

DELIVERING CARRIER TO STEAMER:

CAR NUMBER — REFERENCE

BILL OF LADING

SHIP Pioneer Sea VOY 3 FLAG

PIER

PORT OF LOADING Shanghai

PORT OF DISCHARGE FROM SHIP New York

SHIPPER Shanghai Stevedoring Company

CONSIGNED TO: ORDER of M.C.Wang, 631 W. 152nd, Street, New York, C.31 N.Y. U.S.A.

ADDRESS ARRIVAL NOTICE TO

PARTICULARS FURNISHED BY SHIPPER OF GOODS

MARKS AND NUMBERS	NO. OF PKGS.	DESCRIPTION OF PACKAGES AND GOODS		GROSS WEIGHT IN POUNDS
M.C.Wong 631, W. 152nd Street, New York, C. 31 N.Y. U.S.A.	8	"SHIPPERS DECLARE THE VALUE DOES NOT EXCEED G$10.00 PER 100 LBS. ON WHICH [illegible] RATE IS ADJUSTED." cases household & personal effects Say total eight cases only. NOT NEGOTIABLE FREIGHT PREPAID		2005 lbs.

FREIGHT PAYABLE IN Shanghai

@	PER 2000 LBS.	$
@	PER 2240 LBS.	$
FT. IN. @	PER 40 CU. FT.	$
126 FT. IN. @30.75	PER 40 CU. FT.	$ 125.21
		$
		$
		$
SURCHARGE	%	$
		US$ 125.21
TOTAL		$

(CONDITIONS CONTINUED FROM REVERSE SIDE HEREOF)

IN WITNESS WHEREOF, THERE HAVE BEEN EXECUTED Two(2) BILLS OF LADING, ALL OF THE SAME TENOR AND DATE, ONE OF WHICH BEING ACCOMPLISHED, THE OTHERS TO STAND VOID.

UNITED STATES LINES COMPANY

BY
FOR THE MASTER

ISSUED AT Shanghai China, Nov. 10th 1948.
(DATE)

PRINTED IN U.S.A.

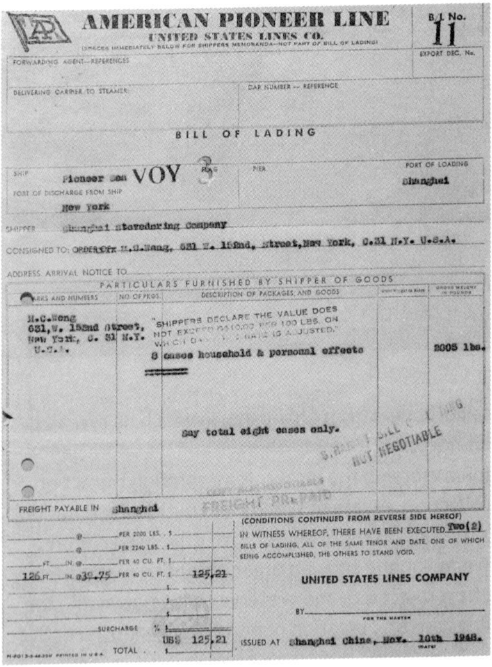

翁万戈藏品1948年从上海付运美国文件

沙咀他下榻的喜来登酒店拜访，和他吹水时，听他说的。

翁万戈和王季迁请律师处理，结果他们都没事，但是陈仁涛有八十多件书画，运入美国时没有报关，被没收了。这原属于陈仁涛的八十多件古书画，没收二十年后美国政府拨归某自然科学博物馆，古书画对这个馆没有用，八十年代再转交弗利尔博物馆收藏。是傅申经手整理的。傅说这八十多件书画好坏参半，没有什么太重要的作品。

此事对陈仁涛打击就很大，陈后来心灰意冷，晚岁又

翁万戈   方召麐

为哮喘折腾，听说所剩藏品由其童姓妻舅，在九龙设古玩
店陆续脱手。

四

陈仁涛这个走私案还牵连到张大千。

许多年前，拍卖场上有一批张大千致张目寒手札，其
中一通，谈及这事：

寒弟：兹有一事烦弟者，四年前兄以治目疾留居
东京，已而南还巴西，遂将成都沦陷前带台之书画存
于东京者全部携归，迨经纽约，因以一部分留下，以

张大千与张目寒

为每年皆须出外旅行，友朋门生往往借观，是以前经美亦未取回。近顷门人方女士（方召麐）乃以之存卢芹斋之承继经理人卡洛处，不意因为香港陈仁涛有买卖往来涉嫌走私，有为大陆套取外汇可能，遂将存卡洛处书画扣押，兄所藏之十四件亦在其中。兄离巴西前曾得卡洛二函，兹将卡函及兄覆本寄弟一阅，其所要求者，为在国内有人可以证明此十四件并皆于一九五一年禁运以前带出者，又确系兄本人所藏者，即可收回。（见《张大千致张目寒信札》，江西美术出

张大千致张目寒手札

版社2009年版）

这里面说到张大千的门生方召麐，将张大千所藏古书画十四件交给卡洛寄存。当时卢芹斋死了，卡洛是他的承继经理人，而卡洛跟陈仁涛有生意往来，所以美国政府怀疑这十四件古书画也是在禁运实施后入境的，有套取外汇的可能，因而将其扣押。信中后文是张大千托请张目寒等友好帮忙：

> 兄于一九四九即离川到台转印，其中书画亦有若干为弟协助带台者，赴印度德里后因去阿坚塔临摹壁画，收藏诸画至百馀件，行李不便，曾由志希兄及查良钊兄绍介存于新德里某银行（银行名已忘，一问志希兄可知）。此诸画在印度中国大使馆中志希兄亦大部看过，请弟与志希兄一商，共同出一证明（亦请良钊兄出一证明）。其格式应如何，弟可访问庄莱德大使（请详告此事情形与庄大使，并盼其有协助）、子杰兄。证明书复本亦附上，可资参酌也。倘志希兄有所不愿，则弟一人出面。此事不须告知岳军兄使其担忧，更不必告知他人。

信末则说，"证明书写就乞航寄纽约王济远兄处，兄授权与济兄为代理人，并聘有律师也"。

拙藏有一通1960年12月26日张大千写给王济远的英文信，当时也附了中文的翻译，这封中译的信，怎么看都不是张大千的字，可能是人家找来的翻译写的，可与上信对照参看：

济远先生惠鉴：

弟原有若干中国古画寄存纽约CARO先生处。最近接CARO来函，称美国政府所属"同盟国财产保管委员会"曾派员访彼，指称彼所代弟保管之画均系非法入境，当予全部没收。据云如欲申请发还此批被扣之画，必须详陈经过，系何时何种情况之下带入美国，同时并须具呈证明该等画在一九五○年十二月十七日之前即已留在中国之外。

吾兄知我为人及所藏各画甚详。此事实蒙无辜。弟碍于无充分时间前往纽约，转烦我兄全权代表在彼方向有关前途极力设法要求发还被扣之画，是幸是托。

关于此刻是否即广聘请律师作顾问一点，悉请尊酌裁定。一切烦渎，仅先布谢。此颂

筹安

弟张大千启

一九六○年十二月廿六日

2014年6月28日上海工美拍卖的一个标的，是张大千

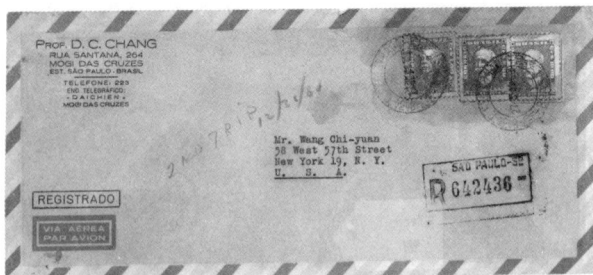

张大千1960年12月26日致王济远信

致友好的七封信，其中给王济远的有四封，也是讲到这个案件。张请王济远从中斡旋索还。

王济远（1893－1975），是张大千老友，原籍安徽，生于江苏武进，1941年赴美创办华美画学院，传授中国书画。

张大千致王济远信札透露出曾请托驻美"全权大使"叶公超出面，张大千还请王济远作证，以备律师呈堂。

张大千致王济远信四封

张大千与王济远

　　其中一手札言及托王济远暂存董浩云自台湾寄至纽约的古画十四件，这大概就是存卡洛处归还的那十四件古画。因王济远当时在美国主持华美画学院，大千在信中还建议对付海关的办法，"海关方面可告以学校借为展览或学生参考"。前些年出版的《董浩云日记》，里面可能有关于这十四件古画的记载。待考。

我的母亲庞左玉

樊 愉

　　用文字记述我母亲之艰难，让我踌躇多年，始终难以下笔。母亲去世时我已入幼学之年，她的容貌、言谈、性格和事迹还尚存星星点点碎片式的记忆，唯有五十二年前那个暮秋夜晚和次日清晨的场景，时至我耳顺之年想起，依然闪回眼前，恍如昨日……

　　母亲在世只有五十四载，与我相伴仅十个秋夏，除去我孩提不记事的岁月，对母亲的印象只有五六年。但最让我感到幸运和欣慰的，是母亲留下了一本"樊愉纪念册"和一册记录着我幼年成长的影集。小小的纪念册，母亲用密密麻麻的小字仅写了二十来页，讲述着我出生前后不到一年里她的经历、苦痛、愉快和期盼，为的是让我长大后读它。其中有母亲中年得子的兴奋，有为给樊家添了个长子长孙的得意，满纸是她与两代长辈对我的期望和厚爱。匆匆六十多年来我很少打开，再次读来更让我泣涕涟如。

作者母亲庞左玉

　　我出生前母亲在身体上已经承受了难以想像的痛苦，因口腔上颚肿瘤曾三次手术，到我出生那年再次手术，已经是第四次了。因高龄和产前多次的深度X光照射，只得剖腹生产。产前偏偏又遇到了不顾及病患心理承受的医生，直白地告诉她胎儿可能会有异变，那是多大的打击！那时父母住在淮海中路的愉园公寓四楼。一天，当父亲上班去了，体弱怀孕的母亲独自吃力地走下楼后就晕倒在了路边，幸好外祖父及时赶到才得平安。生下我后只得搬迁到了新乐路一幢小洋楼的一层居住，我的童年直到母亲离去前两年就是在这幢房子里度过的。有一种特殊的体验是我们母子俩共有的：在我六岁还没有上小学时，扁桃体炎发作要

158

纪念册

动手术，手术台上我被一个大大的橡皮罩子一蒙，不到一秒钟便全然无知了。手术后几个月，问母亲怎么我鼻子里总有一股腥腥的味道，她开心地回答，对，我也一直有，是吸了闷药的关系。我猜母亲一定在想，这下总算让儿子尝到了生你时的苦头。成年后我才知道那个"闷药"就是用来全身麻醉的乙醚。母亲生下我后又得靠每日灌肠生活，直到她离去。我始终不能理解一个在肉体上能坚韧地挺过来的女性，十年后却无法忍受那种屈辱。

母亲离世后父亲也不忍对我谈及她生前的过往和事迹，即使有，也是只言片语。父亲在世时为了不引起他的不快我也极少追问，只在亲友和长辈们的谈论中偶尔听到，使我的记忆隐隐染上了一层灰影般的印象和更多的疑惑。当要记述母亲时除了碎片式的记忆，我尽量阅读一切与书画家相关的书籍，一切与母亲有关联的文章，搜寻留存的各类痕迹，审视存留的影像和母亲的书写记录，最要紧的当然是读她的画作。近些年来常有人叙述她的生平和评价她的作品，对待那些文字我一直是持欢迎的态度，并为时隔那么多年仍有人记得她而感到庆幸。毕竟母亲有那么多作品存留世间，无论那些文字准确与否，都能使我从中窥见一斑，佐证我的记忆。可是越细究就越发现更多的疑惑和错讹谬误。还有一种不幸中的"幸运"——在不幸的年代里留下了父母片纸的"交代"草稿，它们确证了一些他们的过往。

　　1915年，母亲出生在那满园花菊郁金黄的重阳前二

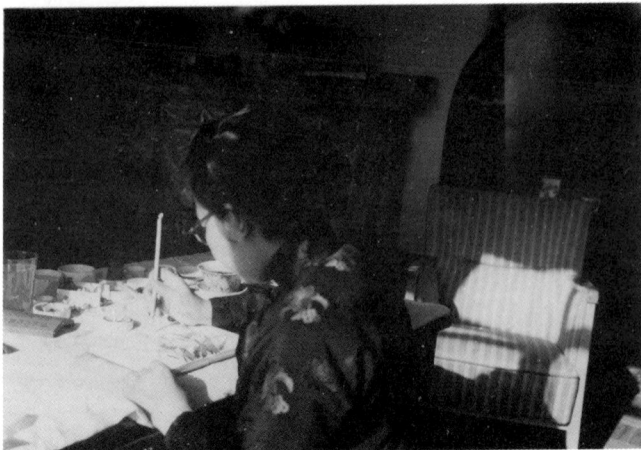

庞左玉作画

日，苏州我曾外祖父的家。母亲是我外祖父庞奉之的二女儿，家中行三，取名庞昭，字左玉。母亲的"名"现在常会看到一种流传极广的奇怪说法："庞左玉，又名庆昭"，但母亲从来没有"庆昭"这个名字。我推断是繁体的"庞（龐）"、"庆（慶）"两字有点相似，篆字就更像，很可能是她那几方"庞昭"名章被错误地释读成了"庆昭"。这个错误最早的出处可能是《中国美术家人名辞典》（上海人民美术出版社1981年版）"庞左玉"条目。

我外祖父是南浔庞氏宗族族长庞天笙之子。由于外祖父早年任职北洋政府的北京交通银行，便携全家移居北京。直到1927年外祖父先后出任上海的华东商业储蓄银行副经理、经理，才又带全家迁回上海，居住在江湾东体育会路模范邨，想必母亲的中学学业是在上海完成的。因为母亲和她的姊弟们童年生活在故都，就操着一口纯正的北京话。我母系家族中的方言交流很奇特，母亲姊弟之间讲北京话，与我外祖父讲南浔话，同我们小辈又讲夹杂着上海口音的南浔话。可母亲坚持要我讲北京话，又嫌我讲得不地道，于是，在我五岁时的一个暑期把我打发到北京，同堂表兄们玩耍了一夏天，回上海后母亲觉得这下总算没了南方口音。

母亲是在什么年纪开始学绘画我不知道确切的时间，也不曾听长辈们说过。我总觉得母亲会画画是与生俱来的，是她的天赋，她生而为画。母亲的画桌上总是摊着一大张色彩斑驳、墨迹点点的毡毯，砚墨色碟各类画具杂陈。父亲常诧异地说，你母亲的画桌就是那样脏乱，可画出来的画却色彩鲜艳洁净。我印象最深的是，她常一手十字交叉地握着两支细笔，俯身在画桌上，可以一边与人谈笑，一边迅速准确地蘸色施粉，毫不犹豫地下笔。近些年来我仔细读母亲的画，慢慢地懂得了为什么会有"骎骎乎逼青藤白阳之堂奥，合南田秋岳为一手"、"秀逸近乎恽南田，清雅类乎华新罗，挺拔似乎陈白阳，天真几乎李复堂，工致谨严可追元之王若水、明之吕振庭"、"绝疑旧日南田笔"等等之类的溢美词句来称赞她。特别是最近，在家里发现了她早年的一张五尺巨幅的绢本画《临唐匹士荷花轴》（轴签上如是写），着实让我惊心骇神！原画《唐匹士莲花图轴》是庞虚斋的旧藏，收录在《虚斋名画录》内，就是现在藏于故宫博物院，钤有两方"虚斋至精之品"、"虚斋审定"印的唐芠《红莲绿藻图》（亦称唐芠、恽寿平合画《红莲图》轴）。再找来原画的数字图像两下相参，真是难以想象一个二十来岁女孩能有这等控笔功力和临摹技能，难怪会得她那位从伯父庞莱臣的喜爱与奖掖。常读母亲的画作也影响了我在现实中观赏花叶草丛的思绪，总会企盼它们有那种中国绘画的笔墨章法，甚至会觉得那些枝叶少了些许画家笔墨渲染的兴致。

说到庞莱臣（号虚斋），现在，无论是工具书中的条目，还是展览会或拍卖会上的简介，总能见到庞左玉的名

庞左玉《临唐匹士荷花轴》

后会跟着"得其伯父庞虚斋……"之类的文字，其实在上世纪三四十年代的报端就开始了，似乎成了母亲的另一块标牌。母亲绘艺的长成确实与庞莱臣有着密切的关联，得到极大的帮助与提携，但她生活的家庭与绘画并无渊源。没错，他们是亲戚关系，但庞莱臣并不是我母亲的亲伯父，他只是我外祖父庞奉之南浔庞氏的族兄，他们俩的祖父是亲兄弟，当然也没有出五服之外，所以只能称作我母亲的从伯父。又因为庞莱臣无女儿，再加上他这位从侄女爱绘画，就更亲近了。有一幅母亲的早年作品一直留在我身边，就是曾在1935年中国女子书画会第二届展览会上展出过，之后又收入1936年《中国女子书画展览会特刊》第三辑中的《柳塘图》，上面有庞虚斋的题识："写生之道神韵为上，形似次之，左玉此作颇得白阳笔意，余深嘉其造诣未可量也，为识数语而归之。乙亥春虚斋。"可见早在母亲二十岁时就得到了庞虚斋的嘉许，并不像某些记载称是在一次展览会上母亲的画被庞虚斋看到后才得赏识。有这么一位大藏家在背后的助力，可以临摹、析赏如此广博的古迹佳作，在同辈年轻女画家中已占尽优势，也一定被叹羡不已。可自从我记事起就没从母亲口中听到过"庞莱臣"或"庞虚斋"这个名字。1949年庞莱臣去世后，或许母亲觉得与家族中这样一位巨贾、大藏家有瓜葛会是一种"罪过"？

除了画画，唱京戏是母亲的一大爱好，我是后来才知道她专工程派青衣，用现在的话来讲，她就是一程砚秋的超级粉丝，还曾见过一位琴师来家里为她操琴吊嗓。当年上海的著名京剧女老生张文涓也是她的好友。还有记载说，张大壮拉京胡，庞左玉唱京剧，张大壮是喜拉京胡，可他们是否有合作我就不得而知，可能是较早前的事了。从旧时的资料中也能见到母亲常会在一些场合亮嗓助兴。不知我是被母亲的这一爱好感染了，还是常跟着父亲去戏校上班的缘故，幼年的我对京昆剧舞台上色彩鲜艳的戏服和动作架式着了迷，这下可投了母亲的意，她为我做了不少小"道具"，随着我的意胡乱打扮玩耍、拍照，很是得意。

樊愉看母亲画画

从我六七岁开始，母亲对我最严苛的技能训练是握毛笔练
写字，她离去后就再没人管教我这事了，从此我的字一落
千丈。

自从2001年出版的《万象》第三卷第七期上刊载了母
亲的那位画院同事、篆刻家写的《记庞左玉与陈小翠》一
文（收入《安持人物琐忆》，2011年出版）之后，庞左玉似
乎给读者留下了"心眼小气量窄好吃醋"的印象。有些读
者可能会以为这种"掌故"是信史，可我读来只觉满纸荒
唐言，不过也真可谓文如其人。我仍清楚地记得小时候母
亲曾带我去过他家，确实像他文章中写的两家住得很近。
他给我的印象用上海话来形容是一个"阴司促掐"的小老
头。除了这个记忆，我还在母亲的"交代"草稿里见到提
及这位先生的几桩事。某一天，这位先生与母亲一同从画
院下班回家，走到我们家门口时：（他）"对我说过一件事，
我从来没对任何人说过，连樊伯炎面前也没说过，所以交
代是更得交代。他说得出口，我简直没脸说……"听他说
完母亲大为光火，"三脚两步走进了家门"。是什么事情我
就不必公布了，反正比他那本集子里的诸多"绯闻"更粗
鄙和下作。并非我是庞左玉的儿子就要为亲人作辩护，实
在是他津津乐道于那些事，又惯于人前背后搬弄是非，根
本不像一位艺术大家，真应了我父母常说的：艺品与人品
不是一回事。

至于我母亲的性格，确实像一个出生在优渥家境中的女子——任性、骄恣。可她待人热情开朗，宽厚善良，直爽坦诚，我想她所有的亲朋好友或学生都会有同感。心直口快，爱开玩笑，戏谑、揶揄人是她风趣惹人喜的一面，可最终却真成了她的致命伤。从她亲口对我讲的一个故事就知道母亲是多爱开玩笑：母亲妊娠手术后，主动要求做了绝育手术，在病房里还大说笑话，引得同室的产妇们笑得创口疼痛难忍，医生、护士见她这般开朗，就怂恿她去做那些术后产妇施绝育的工作。可见所谓庞左玉"口无遮拦"绝不是那种人前背后的嚼舌头，她是"当面开消"式的揶揄调侃。母亲向来爱给人起绰号，就连我幼时的小名也有三四个，父系家有一个，母系家有一个，还有带大我的干祖母黄渔仙奶奶家又有一个，好像在她的朋友圈另有一个很滑稽的外号。也好，让我能分清叫我哪个小名是属于哪个家族群或她的朋友圈。我常在家里听到母亲用绰号来称呼她画院的同事，有的是从外貌而来，有的是从性情而来，全无恶意，听来有趣。最奇怪的是母亲给邓怀农老先生起的外号，我到现在还是不明白。老先生是如皋人，一口如皋话，外号可能是他如皋口音的口头禅。我只记得两个音节，我曾模仿给从小在如皋生活过的朋友听，他也不解其意。

在母亲留给我的纪念册中有几行我每读泫然。她记下了我父亲十多年前去世的妻子的名字，称她是我的前任母亲（之前她们已相识十馀年），生前多年遭受疾病折磨，并记下了她去世的年月日，为的是让我留有一份同样的孝心……这是有着何等胸襟和爱心的一位女性啊！

母亲的待人好似她笔下鲜艳明快的花朵绽放似火，尤其是她的那些女学生（我从没见过她有男学生），我熟悉的有沈景、唐秋芳、李谷娜、张剑，母亲待她们如自家孩子般，这些学生除了称呼她老师或者先生，有的就叫庞嬢嬢，常见她们喜笑颜开地跟着母亲外出写生。母亲最疼爱的外甥女，我的大表姐丁柬诺也最乐意陪着母亲在屋内园外画画写生。

一旦生活中突遭挫折，遇事不顺心，母亲情绪变化极大，会瞬时悲观至极，以致在家里狂躁不安，大发脾气。特别是在她生命的最后两年里对我极其严厉，当时我完全不懂是为什么，后来才明白那时她正经受着极大的精神压力。要是再见到母亲，我一定会问：你的那些花花叶叶和伫立枝头的翠鸟在风雨中、雪霁后将会是怎样？你的心情就不能永远像你笔下的花叶枝藤、翎鸟游鱼那般吗？

母亲二十岁那年完成了在新华艺专的学业。这里有一个错误记录，现在大多数母亲的简介中都称"毕业于上海艺专（上海美术专科学校）"。但我父亲所写的多份材料中，明确地写着新华艺专（新华艺术专科学校）。母亲从学校到毕业后一直追随郑曼青学习绘画，可就在两年前，我又发现了一个奇怪的提法。2020年11月17日至2021年3月21日，上海中国画院主办的"画院掇英——院藏女画师作品展"在程十发美术馆举行，参展的十二位已故女画师是张红薇、侯碧漪、李秋君、陆小曼、陈小翠、周錬霞、庞左玉、吴青霞、江圣华、陈佩秋、吴玉梅、徐元清。我去观展，见母亲的名牌上写着"早年从郑曼青学习花卉，由学徐渭、陈淳入手，继而得洪伯义及其伯父、著名收藏家庞莱臣的指导……"，母亲师从郑曼青没错，有说曾随马孟容学画也可信，只要与母亲绘艺有关联的书画家，家里总有一些他们的字画，如郑曼青、马孟容、马公愚、钱名山等，可我从来没有听父母说起有个叫"洪伯义"的老师，也没有查到过近代美术界有这么一个人。后来发现《南浔名门闺秀》（浙江摄影出版社2018年版）中有一篇《玉笙金毫画遥空：庞左玉》也提到了这位"洪伯义"，就去问作者是从哪里得到的资料，他发给我上海中国画院公众号2014年推送的一篇文章，其中也如是写。我想这还不会是错误的源头，继续追索，终于发现《上海美术志》（上海书画出版社2004年版）"庞左玉"条目亦然，可能它就是最早的了。正好认识该书的编辑，就问他"洪伯义"会不会是"其伯父"三字重复书写或输入造成的错误，他默认。那这个"洪伯义"是子虚乌有的。

母亲的绘事真可谓出道即巅峰。完成学业后就步入社会——加入了1934年成立的中国女子书画会，接下来女子书画会连年的展会，她从不缺席。这一团体不仅是当时中国女性画家的创举，放在中国近代绘画史上也是很了不起的事。这一女性群体现在往往称作"闺阁"或者"闺秀"画家，其实在当时她们并不会乐意接受这样的名号，也从未自诩过。况且她们并非全都出自殷实家庭的"闺秀"，加入女子书画会为的是结交更广泛的同好，寻求自己的生活乐趣，让所学的艺术或者家传展示给社会，期待认同，又能够像她们的男性同道那样用艺术取得自己的经济独立。

投入这一群体是母亲迈向社会的第一步。从当年的合影中看她仍有些许矜持，原因可能在这群女画家中她年纪最小，又初涉画坛还不善交际，可她作品的量与质并不亚

中国女子书画会成立日会员合影

于比她年长的同道们。从各种记录中可以感觉到她是那么地欣喜活跃，每有活动必出现，十多届的女子书画会展览会每每有作品展出。无论是展览还是集会、同仁饯行、郊外修禊、赈灾捐画总记有她的名字。乐于交友、喜于助人也是母亲的性格。

大约四十年代初，母亲迁居到了辣斐德路，就是今天复兴中路的桃源邨。时下有人把这条弄堂称为"辣斐德路上的明星弄堂"，是因为有不少电影界明星和文化人在那里住过，比如母亲的好友电影演员冯喆，我曾听母亲称他冯家弟弟。最让她受益的是结交了来沪避居于此的文化大家钱名山（振锽）老先生。母亲有无拜名山老人为师无可稽考，老先生曾为母亲那幅《蕉鹅图》题跋："蕉是书家植，鹅是书家禽，不是怀素便是山阴，鰦生对此汗出霑襟。"他还送给母亲一幅像报名照似的小照片和所书字对。1942年10月28日《海报》署名啼红的《名山老人为女公子题画》一文记载："庞左玉女士画展中，尝见有老人所题者若干幅，类有深意。如题菊云：'田间自惜真好玉，担上从来不值钱。'题荷云：'要看花十丈，须得藕如船。'又：'一身都是药，六月始开花。'"可见他们过从甚密，超过了一般的邻居，谊在师友之间，与名山老先生的交往对母亲的画艺大有裨益。

在接连参加了七届女子书画会展（1934年至1940年）和各种合作展、助赈捐画等活动后，1942年的仲秋，在我

《蕉鹅图》，钱振锽题跋

外祖母去世后一年，母亲举办了"庞左玉念萱义卖画展"。这是她第一次个人作品展，更因以售画金捐助寒门学子受到社会关注，一周的展期使她誉满画界，名扬沪上，各家报章不仅广泛报道，名家们也题诗捧场。

172

若瓢僧题：

　　一脉吴兴传世泽，庞家有女孝无双。娱亲唱彻慈乌曲，却把商声换好腔。

　　读罢蓼莪拈素毫，堂深瑶草想风标。墨花沈处愁怀散，尚肯丹青慰寂寥。

　　画笔清奇媲白阳，青藤魄力亦堂堂。写来蝶恋依依句，寸草春晖意示长。

　　如椽巨笔扫横波，一洗才人纤弱多。凡有作为皆可纪，艺林学府共讴歌。(1942年10月30日《社会日报》)

钱名山之子钱小山题：

　　小春天气画展开，瑶草琪花次第栽。寄语郑虔须敛手，绛纱从此让清才。

　　婆心孺慕几人知，为恤清寒更念慈。惭愧平生无一用，北堂人去已多时。(1942年10月30日《海报》)

女画家、钱名山媳汪萱《赋赠左玉仁姊》：

　　画笔清奇出自然，千秋艺苑合流传。南浔人物重评骘，四象何如一凤贤。

南浔金匮隔非遥，左玉康年姓氏标。明发有怀伤不寐，却将绘事报劬劳。

端丽还绕林下风，更教六法夺神工。撤环无奈慈云散，融泄光阴羡北官。

朝临上蔡夕岐阳，退笔如山箧衍藏。何幸逢人为说项，庞昭风义最难忘。(1942年10月30日《社会日报》)

报人唐大郎题：

今宵接得户头新，假与欢娱布此身。盈橐归来供

庞左玉念萱义卖画展

小鬼，怜渠愧对"念萱"人！（1942年11月1日《海报》）

　　翌年，2月11日的《申报》以《庞女士义展助学，孝思足资表率》为题作报道，称"艺术超逸画展盛况空前，拨万元充助学金嘉惠寒士"，揭出了上年画展售画卖出的款项，除去实际开支的馀额18011.63元（旧币），加上母亲个人捐助的1988.37元，凑足二万元全部作为助学金，并公示了展会各项收支账目，"分别由《新闻报》、《申报》分发支配"。这个精细到分的账目，在没有计算器的年代也很是稀奇，真的是"涓滴归公，抑出慷慨斥资"。

　　母亲不以鬻画为生，也从没见有她的润例。当然，家庭的殷实是实际状况，不必为稻粱谋。可多次画展后她意识到自己的艺术不仅可以获得名声，还可换来个人经济上的独立。父亲记得各种画展上往往是母亲的画卖出的最多。在我父母还未结婚的1948年5月，母亲准备在"中国画苑"办个展时，得知我父亲在她之前也将在同地办个展，于是与父亲商量能否让她在先，父亲欣然答应，并帮着张罗诸般事宜，所以父亲记忆清晰。他还记得每次画展上母亲的画总贴有好多小红纸条，表示该画已售。据我目前所能找到的资料来看，这是母亲一生最后一次个人画展。母亲为此次画展做了充分的准备，家中留存的母亲早期画作中，就有同年4月住在苏州虚斋宅内临摹和创作的大量作品。

1947年初，母亲曾有过一次去台湾办展未果的经历。父亲晚年的学生杨家润曾撰写过一篇未发表的《庞左玉小传》，现有抄稿存留，其中记着："1947年2月，与徐晓蘋赴台湾开联合画展，至台时适逢'二二八'事件，无果而返。"去台办展确有其事，但"徐晓蘋"却查无此人。最近才发现，1947年的《北戴河》周刊（天津）第十期刊有《庞左玉巧遇白玉薇》一文，讲述母亲在台北时住在闺蜜的学校宿舍，巧遇来学校送亲友子女的白玉薇的故事。白玉薇是京剧名伶，就是1944年她在上海演出，母亲同十二位女画家画了张《十春图》送她的那位。文中提到母亲向白玉薇解释来台是偕同徐晚蘋将办画展，想必是"晓"、"晚"两字之误。

从1948年前后到五十年代，母亲的活动印迹渐渐稀疏，较多出现在较为"官方"的团体中。比如，被上海市教育局筹备市立美术馆选为征集委员会委员，作为上海美术茶会召集人之一，参加上海文艺作家协会的辞年会等等。想来母亲身体状况是一大原因，她的口腔上颚肿瘤在1943年就开始实施手术，每次都是大开刀。到1958年初，请了名口腔专家陈绍周医生为她动了第四次手术。手术风险很大，别的医生建议待婴儿出生后再动手术，这样至少保全一者，可陈医生坚持说，要是不马上实施手术极可能两不保全。手术后母亲的上颚留下了一个大洞，非要戴上假牙托方可说话。后来这位陈医生和他一家成了我们家的好友。在这段时间里母亲的画作也较少见，当然，母亲的好多画作不落年款，让我实难以考察年代。

据父亲记录，从五十年代开始，母亲受政府部门的邀托，收费教授在上海的外国籍人士绘画，她们大多是领馆的夫人，母亲上门教授。记得在某年冬季的一天，母亲气冲冲地回家，父亲问她原由，好像说是，一个外国学生很不礼貌地跟母亲讨价还价学费，母亲觉得很不尊重她，受了侮辱，接过钱当场扔进那人家的壁炉里，扭头就走了。当时我尚年幼，不太理解她为什么这么大动肝火，后来一想，哈，这就是她的脾气。每当那些外国人士举办聚会之类的活动，主人家总会邀请我父母一同参加，可从不带我去，说是怕我眼里钻进那种资产阶级生活方式。唉，我是真的很想去啊。

那时每过一段时间会有两位女同志来我们家，她们一来父亲必带着我出门溜达。我根本想不起她俩的长相，印象只是两个穿着深色便装的女性，跟她们照面时母亲也没有要我叫阿姨姐姐之类的。后来我才明白母亲是在向她们做外教汇报，我们父子要回避。可到了1966年那两位像是人间蒸发了般，母亲再也没能联络上她们。

父母的相识是1935年间，也就在那时父亲进入虚斋宅，确实是会遇见母亲，但当时父亲的前妻还健在，要到1949年才去世，他与母亲要到1955年才结婚。什么父亲到了庞府就开始追求母亲，进而相恋、结婚的说法，这些都是浪漫式的臆想。关于父亲与庞虚斋的故事，我在《掌故》第四集上的那篇《先严樊伯炎与庞虚斋》已经把它讲清楚了。

母亲1955年与我父亲结婚后，到1956年被聘为上海中国画院画师，再到我出生之后的几年中，心情应该不错。正如我出生在愉园，取单名一个"愉"，好像正预示着我们一家三口的幸福快乐。从这段时期母亲的画也可以读出她那时心境：画风已不同早年了，出笔更快，更泼辣，渲染不那么拘谨，题材尽可能接近时代所求；不见了工笔画，落款和斋印也不再出现她的室名"瑶草庐"了。

母亲年轻时乐意做公益，到了新时代做起公共工作仍然十分高兴。1965年母亲给搪瓷厂提供画稿制作脸盆、热水瓶，当拿着那些成品回家时她很是自豪。我能确记年代是因为两只印着她画的花卉的脸盆还珍藏在我身边，盆底印着"金钱牌公私合营益丰搪瓷厂制1965-7-31"字样。还

《扁豆紫藤》扇面

记得母亲曾在印染厂还是织布厂工作过几天。因为当时在
花布上印花芯的黄色颜料会腐蚀布料，工厂就请画院的画
师用藤黄手工点。母亲还很乐意做这工作，觉得不用动脑
子，很轻松。

当那场狂暴开始，大画桌上的画毯消失了，母亲再也
没有画画，代之的是她每夜伏案不停地写着什么，当我一
觉醒来还听到钢笔击点桌面的哒哒书写声。她每天拎着一
个塞满各种针线活的破旧草包去上班，她哪里会做针线活
儿，只是为了开会、学习时解闷罢了。

大概在1966年下半年到1967年初之间，父亲上海戏曲
学校的学生张达发带着几个小将，在新乐路我家那幢房子
的二楼插上红旗驻扎了下来，他们进出总是老师、师娘地
叫着，这倒好，我家等于有了遮挡，不受外面野路子小将
的骚扰。可住在淮海中路上海新邨的陈小翠阿姨和她的外
孙陈长春（他随外婆姓，我俩是童年汾阳路画院园子里的
玩伴）不堪小将的袭扰。小翠阿姨长得特别白，每次进出
弄堂就会有人大叫"小白兔来了"。除了言语侮辱，更难以
忍受的是时不时地遭暴力侵害。于是小翠阿姨便与母亲商
量两家交换住房，到了1967年的3月两家就对搬了家。当
我第一次走进原来小翠阿姨住的三楼房间，眼前看到的景
象吓得我不敢出声——浅绿色的墙上一大摊飞溅的血迹。
那年头不可能重新粉刷房间，母亲就用笔蘸着白色颜料画
了一株比我当时身量略高的桃树，遮挡了之。大约要到十

多年天晴后粉刷房子才被抹去，每当想起那株桃树上笔触轻快的白色花朵和似有宋元笔法的树根，我万分后悔没能留下一张影像，这可是母亲唯一的一幅"壁画"，是她的绝笔啊！

母亲从五十年代开始不断地生病、手术，加上怀孕、生产，再治病，让她躲过了多次运动，这次一下子遇到了超级运动，她着实难以承受。1968年、1969年的两年里，母亲的多位朋友相继选择了归西路，我所知道的就有两三位，其中包括冯喆和母亲常带我去的一位住在淮海大楼的学生的母亲。特别是与母亲结交三十多年的朋友陈小翠，加之小翠阿姨在我们曾经住过的房子里逝去，让母亲倍受刺激。有一篇文章，许宛云《我所认识的陈小翠先生》（2010年第11期《上海滩》）曾写道："（陈）长春又说：'画院的庞阿婆也走了。临终前还对人说，连小翠这样的才女都走了，我还留在这世上干什么！？'"

估计是从1969年的下半年起，上海中国画院已不在汾阳路上班，全体画师移往河南中路中汇大楼的原上海博物馆接受批判审查，母亲下班的时间开始晚了。10月20日晚九点钟，还不见母亲回来，我站在弄堂口望着东面，等了一个多小时，父亲出来叫我回家等吧。我进屋不久母亲满脸憔悴、疲惫不堪地走上楼，没和我说一句话，父亲催促我去睡觉。半夜醒来我见隔壁房间的日光灯仍通亮，不知父母在说什么，推门进去，母亲没看我一眼，只是父亲要我接着睡。他们是一个通宵没睡。

第二天清晨，1969年10月21日，母亲的第五十五个重阳后二日。

我起床见父亲正使劲地阻拦着母亲去上班，最后母亲从包里掏出一个小药瓶用力扔在了地上，夺门而出。我立刻明白小药瓶里装的是什么东西。紧接着父亲带着我跟随到了中汇大楼，父子俩不知所措地呆站在马路对面，望着一位位从大门走进的画师。为了要赶紧送我上学，父亲又急忙带着我离开了。我记得最后一眼看到的是留着白胡子的丰子恺老先生走进大楼。自从母亲离去后，有三十多年我从不愿靠近中汇大楼，直到最近这些年开车经过附近，才朝那楼望一眼。

当天下午放学回到家，我用三张纸片，一张写"有"，一张写"没有"，第三张空白，捏成阄，想卜一下母亲的凶吉。就在此刻，父亲拎着母亲那只破草包回来了，一切都明白了，母亲再也不会回家了……

　　　　　　2022年仲秋于南村书斋

忆刘九庵先生

白谦慎

一

2022年6月，已故著名书画鉴定家、北京故宫博物院研究员刘九庵先生的孙子刘凯通过友人秦明与我联系，说在整理祖父的遗物时，发现我在1992年9月1日写给刘九庵先生的一封信，信的全文如下：

> 刘先生大鉴：
>
> 今夏回国做傅山的研究，得到先生的热情指导和帮助，获益良多，十分感激。那天从先生家中出来后，先生一直送我到地铁站的情景，至今历历在目，真是十分感动亦十分不安。我八月中旬在香港时，拜访了叶承耀医生，在他处看了傅山十八札，真是十分精彩。
>
> 故宫博物院收藏的那几件傅山的书作，其中致戴

刘九庵先生

枫仲的四通信札，甲辰初寒为存翁临王献之帖的手卷以及草书五古诗条幅（"娟娟青柳外"），我希望能取得照片，以备研究用，不详先生能否给予一些帮助。如可以，所需费用可由我来支付。如需一些手续，请先生拨冗赐示。我在艺术史领域是一个新手，各方面都不太有经验，请先生谅解并指教。

　　我回美后，在家休息一下，新学期就要开始了，马上就会很忙。我还需修一年的课，然后就可以进入写论文的阶段。我希望能早日毕业，找到工作。

　　先生或在美有需要我效劳之处，请来信告知，我当尽力而为。

　　匆匆不恭，顺颂

刘先生大鉴：

　　今夏回国做傅山的研究，得到刘先生的热情指导和帮助，获益良多，十分感激。从先生家中出来后，先生一直送我到地铁站，此情此景，萦多感之至目，真是十分感动而无以示意。找八月初之前住时轻动，承刘濯曾先生他家复印傅山的八札，真是十分热忱。

　　故宫博物院收藏的所谓傅山的字作，其中故载振仲的四通信札，早后想惠去看看高端上藏着折之诸，以及草书五台得争语（据是王铎的字）找能拍取得更片，以备研究之用，不得先生给他孩子一些帮助。找到这两套用品由我来支付。如有一些难题，请先生提见赐示。找上庵的文化博是一个新手，为许多部分太有性能，请先生谅解并指教。

　　找回美后，之常挂念一下，新学期就要开始了，就就令忙忙。找已要修一年的课，之后就可以进入字论文的阶段。找希望能在半年毕业做傅山研究。

　　先生或还复有许多新的方之意，请某便告知我，种苗盖方面查。
　　匆之布来，顺颂

近安

　　　　　　　　　　晚　白谨恭贺
　　　　　　　　　　一九九二年九月一日

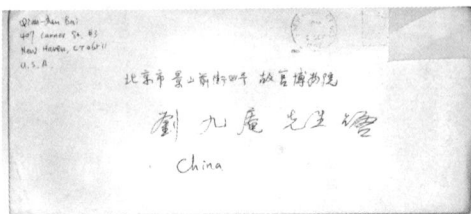

白谦慎 1992 年 9 月 1 日致刘九庵先生信

近安

晚白谦慎顿首

一九九二年九月一日

刘凯向我了解1992年那封信的情况，问我是否还有刘
先生写给我的文字，他想编进祖父的遗作集中。感慨于刘
凯克绍家风，近年来对祖父留下的文献进行全面的整理、
出版，做了非常有意义的工作，我于是查阅了当年的日记，
回忆与刘先生交往的始末，记录成文，供人们了解刘先生
等前辈1991年在美活动的点点滴滴，以及对我这位后学的
提携和帮助。

二

1990年秋，在张充和女士和王方宇先生的推荐下，我
进入耶鲁大学艺术史系攻读博士学位，专业方向为中国艺
术史。在此之前，我的专业是政治学，所以对刘九庵先生
的情况并不了解。就在我进入耶鲁大学的那年，业师班宗
华教授和王方宇先生联合策划了一个非常重要的展览——
八大山人的生平与艺术展。王方宇先生是八大山人研究的
著名学者，也是当世最重要的八大山人书画的收藏家，他
当时已经从美国西东大学（Seton Hall University）退休（他
原是那里的中文教授），专门从事八大山人的研究。这个

荷园主人——八大山人的
生平与艺术（图录封面）

耶鲁大学美术馆

展览的第一站并不是耶鲁大学，而是旧金山亚洲艺术博物馆。办一个具有规模的学术特展，通常都要经过多年的筹备。八大山人书画展的筹备也在前几年就开始了，班宗华老师还曾经邀请王方宇先生到耶鲁大学来给研究生开课，所以比我早几年进入耶鲁大学的同门都参加了这个展览的筹备。次年春天，这个展览移师耶鲁大学美术馆，这才是它的主场，因为策展人班宗华教授就在耶鲁大学任教，主要的学术活动也在这里展开。

配合八大山人书画特展，耶鲁大学美术馆举办了一个国际研讨会，在王方宇先生的提名下，研讨会邀请了两位中国大陆的学者，一位是刘九庵先生，另外一位是教育部高等教育研究院的汪世清先生。汪世清先生的专业是物理学史，曾负责编写物理学方面的教材，但是他长期关注中国书画文献，对明清的书画文献非常熟悉，是这方面很有造诣的专家。由于我是来自中国大陆的研究生，会开车，所以耶鲁大学美术馆交给了我一个任务，联系两位老先生，到机场接机。那时网络不发达，无法查这两位先生的资料，所以我并不知道我要接的两位老先生的背景。

3月上旬，我根据美术馆提供的电话号码，给两位远在北京的老先生打了越洋电话。电话里面两位先生声音洪亮，中气十足，从声音来判断，像是五六十岁的人。我告知他们我将到机场接机。3月21日下午，我开车到纽约的肯尼迪机场，见了面才发现两位先生都是七十六七岁的人了，

汪世清先生

虽然长途跋涉，未显疲惫，依旧精神矍铄。巧的是，班宗华老师那天正好也从日本回美国，和两位先生坐同一架飞机，我就接了三位先生一起回到耶鲁大学的所在地康州新港，把两位先生送到耶鲁大学美术馆附近的酒店安顿下来。

次日上午，我到酒店接刘先生和汪先生去耶鲁大学美术馆看展览。见到两位先生时，我问他们休息得好不好，是否有时差，答曰：休息得很好，没有时差。这也颇令我感到惊讶。耶鲁和北京的时差整整十二小时，大多数人初到美国或多或少都会有时差，白天打不起精神。而两位先生，居然兴致勃勃地看起了展览。刘九庵先生本有看书画做笔记和写日记的习惯，但遗憾的是，刘凯及其友人在整理刘先生的日记时，没有发现那次访问的日记。那天晚上，耶鲁大学美术馆馆长倪密女士举办了一个欢迎晚宴，欢迎前来参加研讨会的学者。我作陪。

3月23日，国际学术研讨会如期举行。那天演讲的人依次有班宗华教授（"导言：八大山人生平与艺术研究中的几个问题"）、波士顿美术馆亚洲部主任吴同先生（"早期至1684年的八大山人"）、是时在纽约大都会博物馆工作的张子宁先生（"八大山人的山水画"）、白谦慎（"金石学和八大山人的晚期书风"）、纽约大学的乔迅教授（Jonathon Hay）（"失去价值的语言：八大山人的江西主题"）、汪世清先生（"八大山人的家学"）、刘九庵先生（"记八大山人、澹雪、朱容重等书画合册"）、王方宇先生（"八大山人艺

YALE UNIVERSITY ART GALLERY
SATURDAY, MARCH 23, 1991
THE LIFE AND ART OF BADA SHANREN
SYMPOSIUM

PROGRAM

8:30–9:30am	Coffee in the Art Gallery Sculpture Hall and viewing of the exhibition
9:30–9:45	*Welcoming remarks* Mary Gardner Neill The Henry J. Heinz II Director and Curator of Asian Art Yale University Art Gallery
9:45–10:15	*Introduction: A Few Problems in Reading the Art and Life of Bada Shanren* Richard M. Barnhart Department of the History of Art, Yale University Co-organiser and co-author Master of the Lotus Garden
10:15–10:45	*The Early Years to 1684* Wu Tung Curator of Asiatic Art, Museum of Fine Arts, Boston
10:45–11:30	*Bada Shanren: Landscape Painting* Joseph Chang The Nelson-Atkins Museum of Art
11:30–12:00	*Jin-Shi-Xue and Bada Shanren's Late Calligraphy* Bai Qianshen Department of the History of Art, Yale University
12:00–1:00pm	Lunch break
1:00–1:45	*The Lost Value of Language: a Jiangxi Theme* Jonathan Hay Institute of Fine Arts, New York University
1:45–2:30	*Bada's Familial Learning* Wang Shiqing Central Institute of Educational Research, Beijing
2:30–3:15	*The Collected Album Leaves of Bada, Danxue, and Zhu Rongzhong* Liu Jiu'an The Palace Museum, Beijing
3:15–4:00	*Forgeries of Bada Shanren's Art* Wang Fangyu Co-organiser and co-author Master of The Lotus Garden
4:00–5:00	Commentary and Discussion
5:00–6:30	Reception in the Art Gallery Sculpture Hall

The symposium has been made possible in part through the generous support of the Asian Cultural Council and the Council on East Asian Studies, Yale University.

The exhibition and publication Master of the Lotus Garden: The Life and Art of Bada Shanren have been organized by the Yale University Art Gallery with support from the Getty Grant Program, the National Endowment for the Arts, a federal agency, the Robert Lehman Exhibition and Publication Fund, and the Asian Cultural Council.

1991年耶鲁大学举办八大山人国际研讨会日程表

术中的伪作")。

我当时还是入学不久的一年级博士生。这种重要的国际研讨会,通常不会请一年级的学生演讲。可偏偏已邀请参加这个研讨会的学者们报来的发言题目中,没有讨论八大山人书法的。由于我来耶鲁大学之前就已经研究书法了,所以在讨论会举办的两个月前,班宗华老师问我,能不能谈谈八大山人的书法。我觉得可以试试,就接下了这个工作。

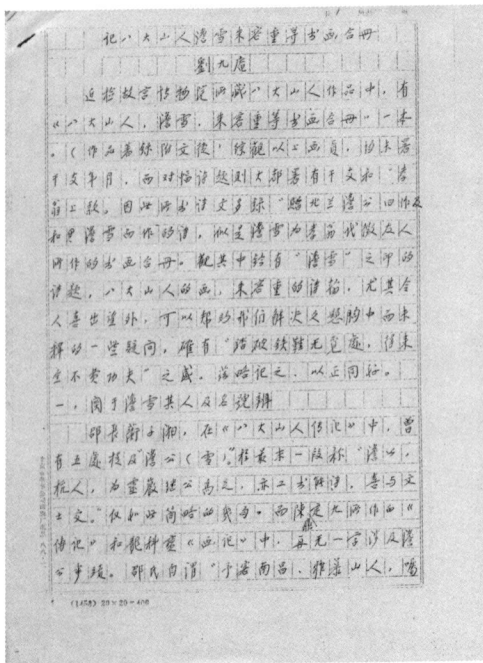

1991年耶鲁八大山人研讨会刘九庵先生的论文

那天研讨会上两位老先生发言的情形令人难忘。刘九庵先生台风稳健，他讨论了北京故宫博物院收藏的八大山人及他的好友、南昌北兰寺主持澹雪和尚等的一个册页，这件作品在此之前并不为人们所知，不难看出，坐拥宝藏的刘先生，随时能从北京故宫找出一些作品，做详细的介绍和分析。汪世清先生发言的风格和刘九庵先生颇不一样，他上过大学，英语相当好，也多次到美国访问。他用中文演讲后，在台上从容地回答听众的提问。听众中有人提出八大山人和宗教的关系，他讲述了八大山人和曹洞宗的关系，给人的印象是他的知识非常渊博。

三

两位老先生万里迢迢来参加研讨会一次不容易，研讨会结束之后，耶鲁大学美术馆安排他们去波士顿美术馆、普林斯顿大学博物馆、纽约大都会博物馆等处参观访问。刘九庵先生日记的整理者在日记中找到一张小纸条，上面记载了他们最后两三日的行程："3.28，由薄松年陪同前往布鲁克林美术馆参观。下午1时，与薄松年前往普林斯顿大学，由该校教授方闻及罗太太招待。罗已约为住处。3.29日，由方闻教授或罗太太陪同参观普林大学及其收藏品。3.30，星期六，回到耶鲁大学所在地。香港。"这是目前能见到的刘先生北美之行唯一的文字记录。"罗太太"即摄影

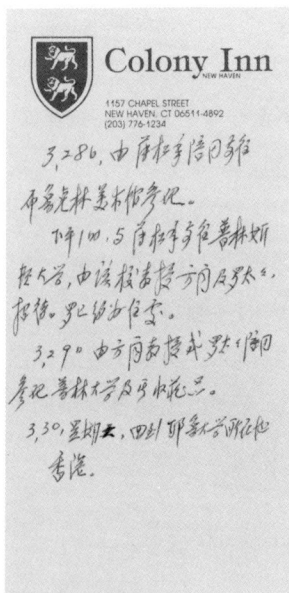

刘九庵先生耶鲁便条

家罗继梅先生的夫人刘先，安徽贵池人，祖上为晚清名宦刘瑞芬，母亲为沈曾植的侄女。上世纪四十年代初，曾和罗继梅先生远赴敦煌，拍摄和保存了大量珍贵的敦煌石窟图片。罗太太曾任方闻先生的秘书，为人热情好客，圈内的西方同道称其为Lucy，中国同道则称其"罗太太"。罗太太对普林斯顿大学中国艺术史学科的日常运行和发展，做出了重要的贡献。刘先生字条最后的"香港"两字，可能是指两位老先生经香港回国。

刘先生和汪先生3月30日回到耶鲁大学后，张充和老师和傅汉思教授邀请他们吃晚饭，我也作陪。那时张老师和傅汉斯教授都已退休，但张老师每个星期三下午都到耶鲁大学美术馆亚洲部去帮忙，和中国艺术相关的活动她都积极地参与，见到有从国内研究书画的同道来访，自然非常高兴。

4月1日，两位先生回国前夕，我在家里面举办了一个饺子晚宴为两位先生饯行。张充和老师夫妇来了，班宗华

教授和他的研究生也都来了。由一个留学生组织这样的欢
送，让身处异国他乡的两位先生也多少能感受到海外学子
对前辈的钦仰。我平素练字，家有纸笔，有人提起写字，
我便问刘先生能否留下墨宝留念，刘先生爽快答应，当场
在一张大概两尺半左右的宣纸上挥毫，写的是大字行书，
书风驯雅。写罢，刘先生从口袋里拿出印章钤盖，看来是
有备而来。大概在国内各地鉴定时，常有人请他题字，他
也就随身带着印章。刘先生的印章不大，边长大概在1.2厘
米左右，典型的汉印规矩的一路。刘先生说，印章是北京
一个篆刻名家给他刻的。我又问汪先生是否也挥毫，汪先
生以不擅书法婉拒。后来我才知道，其实汪先生也写得一
笔好字。说不擅书法，半是自谦，半是为了减少应酬，专
注学术。两位先生的处事风格有所不同。那天晚上刘先生
写的字我还保存着，只是因为多次搬家，一时没有找到。

　　饺子晚宴的次日，耶鲁大学派人送两位先生去机场。
虽然我未能为先生们送行，却已和他们约定，日后回国
搜集资料，将登门请教。我已有了他们的电话，联络起来
方便。

　　两位老先生离开耶鲁大学不久，我代耶鲁大学美术馆馆
长倪密起草了致北京故宫博物院的中文感谢信。感谢信的复
印件同我写给刘九庵先生的信一起先寄给了刘先生。倪密女
士的中文信如下：

尊敬的故宫博物院院领导：

你们好。由本馆主办的八大山人学术讨论会一九九一年三月二十三日圆满闭幕。贵院刘九庵先生在大会上宣读的关于八大山人、澹雪、朱容重书画合册的论文，引起与会者的极大兴趣并给予高度评价。刘先生的论文表现出贵院研究人员深厚的学术功力，也反映出贵院丰富的收藏在研究中国艺术史中的重要

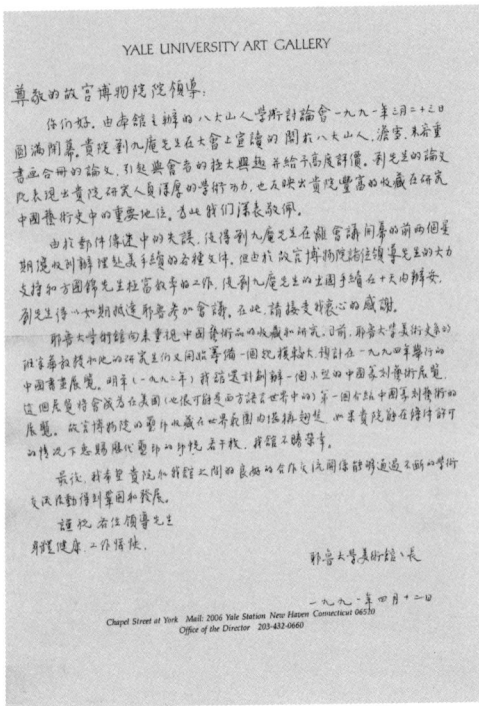

耶鲁大学美术馆馆长倪密1991年4月12日致故宫博物院信

地位。为此我们深表敬佩。

由于邮件传递中的失误，[使得]刘九庵先生在离会议开幕的前两个星期才收到办理赴美手续的各种文件。但由于故宫博物院诸位领导先生的大力支持和方国锦先生极富效率的工作，[使]刘九庵先生的出国手续在十天内办妥，刘先生得以如期抵达耶鲁参加会议。在此，请接受我衷心的感谢。

耶鲁大学〈美〉术馆向来重视中国艺术品的收藏和研究。目前，耶鲁大学美术史系的班宗华教授和他的研究生们又开始筹备一个规模较大、预计在一九九四年举行的中国书画展览。明年（一九九二年）我馆还计划办一个小型的中国篆刻艺术展览。这个展览将会成为在美国（可很可能是西方语言世界中的）第一个介绍中国篆刻艺术的展览。故宫博物院的玺印收藏在世界范围内堪称翘楚，如果贵院能在条件许可的情况下惠赐历代玺印的印蜕若干枚，我馆不胜荣幸。

最后，我希望贵院和我馆之间的良好的合作交流关系能够通过不断的学术交流活动得到巩固和发展。

谨祝各位领导先生

身体健康，工作愉快。

耶鲁大学美术馆馆长

一九九一年四月十二日

信中所云班宗华教授正在筹办的展览，即1994年4月9日至7月31日在耶鲁大学美术馆举行的"玉斋珍藏明清书画展"。"玉斋"即著名收藏家王南屏的斋号。当时王先生的很多藏品都放在他的儿子、麻州大学物理学教授王朴仁先生的家中。王教授家离耶鲁大学开车约两小时，班老师曾带着我们这些研究生到王教授家挑选展品。这个展览从挑选展品、著录题跋印章、撰写图释文字、展览导览到学术研讨会，我全程参加，对了解博物馆和私人藏家的关系、挑选藏品、拍照、著录、撰写作品图释、组织学术研讨会这些流程都很有帮助。

倪密馆长信中提到的1992年的篆刻展，题为"方寸世界：中国篆刻艺术展"，于1992年3月3日至7月31日在耶鲁大学美术馆展出。这一展览由我策划。除了展出了王季迁、张隆延、王方宇、张充和、翁万戈、刘先、安思远等提供的清代和近现代名家的篆刻作品外，中国大陆的西泠印社、沧浪书社对这次展览也很支持，沙孟海先生、刘江先生和台湾的王壮为先生等篆刻家，提供了他们的作品。展览开幕后，《纽约时报》予以报道。后又到旧金山中国文化中心展出。这是西方第一个关于中国篆刻的展览，因此受到观众们的欢迎。

在转给刘先生倪密馆长致北京故宫博物院领导的信的复印件时，我也附上了我写给刘先生的信。全文如下：

刘先生：

您好。寄上倪馆长给贵院领导的一封感谢信的复印件。信中还提及请贵院惠赐古代玺印印蜕一事。如贵院领导批准，能够惠赐几枚，请您和有关人士决定，最好能照顾一下面，先秦玺印，官印，私印，图像印，吉语印等等。钤在宣纸上即可。我们这里收到后，可以到中国城裱一个小绫子的边，然后装框展出。此事

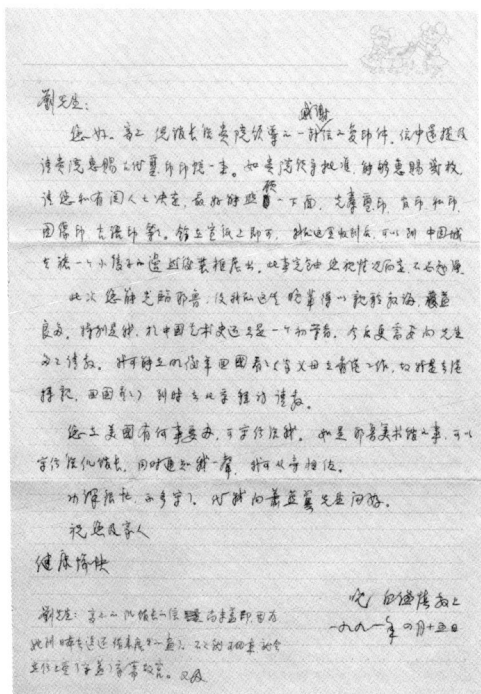

白谦慎1991年4月15日致刘九庵先生信

完全由您视情况而定，不必勉强。

此次您能光临耶鲁，使我们这些晚辈得以亲聆教诲，获益良多。特别是我，于中国艺术史还只是一个初学者，今后更需要向先生多多请教。我可能在明后年回国看看（家父母在香港工作，故我是去港探亲，回国看看），到时去北京拜访请教。

您在美国有何事要办，可写信给我。如是耶鲁美术馆的事，可以写信给倪馆长，同时通知我一声，我可从旁相佐。

功课很忙，不多写了。代我向萧燕翼先生问好。

祝您及家人

健康愉快

晚白谦慎敬上

一九九一年四月十五日

刘先生：寄上的倪馆长的信尚未盖印，因为她到日本去送还借来展出的画了。不久就可回来，就会在信上签了字盖了章寄故官。又及。

倪密馆长是美国人，写信通常只签名，没有盖章的习惯。但她先后师从傅申先生和班宗华先生学习中国艺术史，博士论文写的是元代画家方从义，又从张充和老师学书法，有印章，所以有盖章一说。

四

　　1992年，我决定以傅山作为博士论文的课题。暑假回国，开始搜集资料。我到北京后，和刘九庵先生电话联系，希望他能够带我到故宫博物院去看一些和傅山有关的书画。那时，并无网络可查故宫的书画收藏，我只能提出想看书画的大概方向，譬如明末清初特别是傅山的书画，具体看哪些，就由刘九庵先生代办了。6月26日，刘九庵先生在故宫接待了我，并陪我看了他帮我提看的一些傅山和八大山人的书画。那时，故宫的提看室和库房并不在一起，书画从库房提出后，由保管人员经过露天场地，拿到提看室，甚是不便。好在天公作美，天气晴朗，整个观览过程相当顺畅。这是我第一次在故宫提看书画。

　　7月4日，我专程到刘九庵先生的府上拜访。今天想来，那次拜访也挺重要。为什么呢？这和刘九庵先生的治学风格有关。和某些鉴定大家不同的是，刘先生不光研究历史上的大名家、名作，他对很多别人不太留意的、我们称之为小名头的书画家，也都关注，收集他们的材料。我们从故宫博物院编的多卷本《刘九庵书画鉴定研究笔记》不难看出，刘先生非常勤奋，也非常细心，经过多年的努力，形成了自己独特的鉴定路数。那天刘先生拿出一个卡片盒，查到了一些我需要的信息。他又拿出了几张拍得很小的照片，是故宫藏的几个傅山信札册里面的部分信札，其中有傅山写给好友魏一鳌的信札。魏一鳌的弟弟魏一鲲，身体不好，信札册中有傅山给他开的药方。还有一封信很重要，和傅山在清初的经济状况有关。经过战乱和自然灾害，清初北方经济凋敝，为了生存，傅山和他的朋友们打算开一个酒店来谋生，因为粮食紧缺，当时开酒店可能要一些政府的许可证之类的东西，傅山等请魏一鳌帮忙。这通信札是了解傅山在清初生活状况的重要文献，我在《傅山的世界》里面也引用过。拍这些信札时，国内的物质条件并不好，照片很小，而且有些模糊，所拍的信件也不齐全。即便如此，这些信札仍然给我提供了重要的线索。

那次拜访，刘九庵先生还提供给我一个非常重要的信息。他说香港有个叶承耀医师，是他的朋友，收藏了一个傅山写给他朋友的十八通信札裱成的手卷，也是重要的文

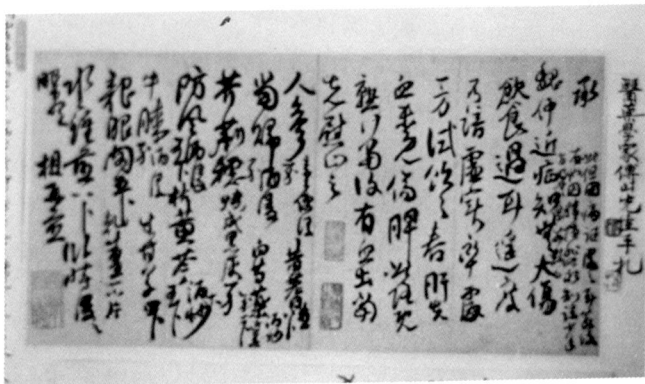

傅山信札照片

献。我当场向刘先生要了叶承耀医师的电话。叶承耀医师收藏明清家具非常有名,书画收藏也不错,是香港重要的收藏组织敏求精舍的成员。非常巧,那时我的父亲正好在香港工作,是一个国企派驻香港的代表,我去香港探望父母时,和叶承耀医生约了在他的诊所里见面,看了这个手卷。叶医生也送给了我这个手卷的照片。这十八通信是傅山写给好友魏一鳌的,涉及的内容非常丰富。后来我把这些信札做了考释,写了一篇长文,研究清初仕清的汉族官

魏裔介题傅山致魏一鳌手札卷引首

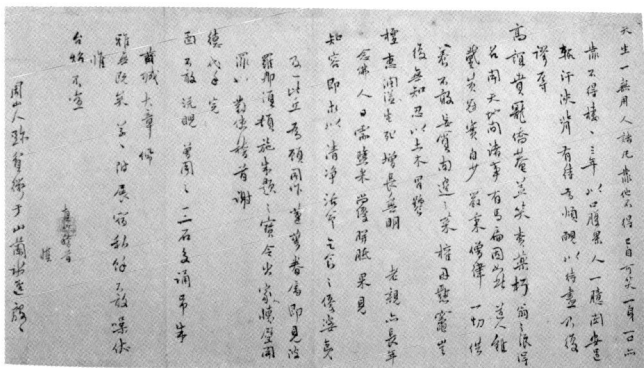

傅山致魏一鳌信札

员怎么样帮助明遗民。文章发表后，得到了学界的肯定。后来艾俊川先生重新考释了这些信件，指出了拙文中的一些错误，我根据他的考释又作了修订。

刘九庵先生有写日记的习惯，但是1992年的日记至今没有找到，所以，他的日记如何记载我与他的见面就不得而知了。

1992年到北京，我也曾到汪世清先生的府上拜访，向他请教。当得知我要以傅山来做博士论文后，汪先生开了一个书单，告我应从哪里入手。以后回国，他常带我到国家图书馆去看善本书，直至他在2003年去世。

1994年秋，我再次到北京搜集资料，这次我还是请刘九庵先生帮忙在故宫提看书画。刘九庵先生1994年10月2日的日记记载："星期日，下午美国耶鲁大学班宗华教授的学生白谦慎来此，携带班教授赠送的王南屏所藏《玉斋珍藏明清书画精选》一册。白是研究傅山的，拟在傅山年谱中增加新的内容，故拟看故宫所藏傅山署年款的书画作品。当即拟就作品名单，送杨新签同意，由保管部安排。"我虽也有写日记的习惯，1994年秋的那次北京之行，却没有留下记录的文字。但从刘先生的日记可以推断，这次刘先生并没有亲自陪我在故宫看书画。以后，我在1996年和1998年，又分别两次到北京查资料，此时刘先生年事已高，我也因认识了故宫的一些同辈人，每次去看书画，就没有再打扰先生了。1999年，刘先生去世。

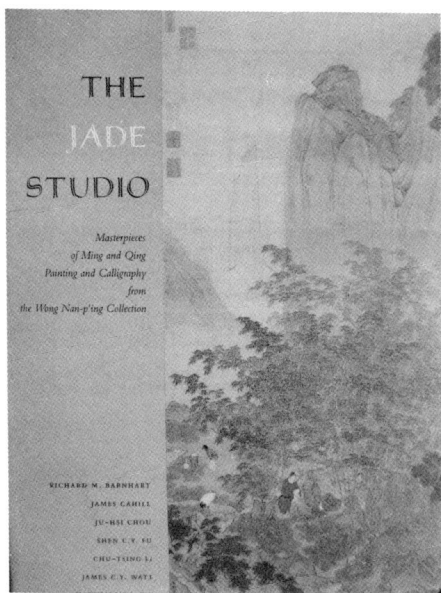

玉斋珍藏明清书
画精品图录封面

五

　　我和刘九庵先生的交往大致如此。虽然我只是无数个
曾向他请教的年轻人之一，但我们交往缘起的那个国际研
讨会，在我的艺术史研究的职业生涯中，却是一个重要的
起点。我在研讨会上的发言，分析了清初金石学的复兴对
八大山人晚期书法的影响，涉及了碑学萌芽的问题，17世
纪的书法因此走进了我的视野。后来我以傅山作为博士论
文的选题，最终的成果便是《傅山的世界》。刘九庵先生为

41

白大令指派，强调了共产党中央而方针是在抓
"发展与稳定"这两个方面。强调要全团结。

十月二日，星期日，下午美国印第安纳大学艾华
教授而学生白谦慎来此，携带班名签信这而
王商屏网藏《王客珍花明清书画特选》一册。
白美研究伯叫白，拟在伯叫手语中增加考面
白启。故拟来故宫所藏伯叫書畫料白出生
地点。古中拟就此品名年，选择多签回意，由
信古都安排。回此点向杨秦说知叫叫首达
情为后，以及列正成演原品原位通虹手间题，
和与出院社使团展开敬大同题僅与列商议。

十月三日星期一，上午古萱黄来此，说定叫
日晚9时10分由此名專路在珠珠路厂摄伯
叫影而事说。去印与印永洋时去，电话说知。
他来通知对方名五去古情。甲杨影拟任
室与達深定时去。设定老日上午9时去古，
以与汪星洋通话，请女将先对方屏而等题。

十月四日，星期二，上午王面修时来此，
带诊又夢编西广告主人伯四一出联。楼郑

我的研究提供了关键性的线索。那次会议也开启了我向汪世清先生十二年的请益历程。我在研究明清书法史时，在文献方面请教最多的就是汪世清先生。

　　认识刘先生时，我刚刚进入艺术史领域不久，如今我在这个领域学习和工作已逾三十年。前不久，故宫博物院中国古代书画鉴定研究中心的同道给我寄来了多卷影印本《刘九庵书画鉴定研究笔记》，翻阅刘先生的手泽，回顾和他老人家的交往，感慨良深。刘先生年轻时在琉璃厂做学徒，经过自己的刻苦努力，终成一代鉴定大家。而能向他请教，也真应该感谢母校和老师们组织的活动为年轻人带来的种种机缘。

2022年9月22日于杭州

2023年5月2日修改

不可替代的笺纸画家王劭农

吴夜雨

一

　　花笺是文人案头的清供好物，而笺画创作小中见大，以悠然雅致为上品。自晚清民国以来，喜欢欣赏、集藏笺纸的人，无人不知、不爱"劭农"绘制的笺纸，最典型之例，便是那部堪称近代中国套色版画史上的不朽丰碑、至今仍为人艳称的《北平笺谱》。上世纪三十年代，鲁迅、郑振铎编辑此书，共收录光绪、宣统至民国早期笺画名作三百三十二幅，其中入选画作最多的是鲁迅故友陈师曾，计三十二幅，其次为齐白石老人的二十一幅，与陈、齐两人鼎足而三的即是王劭农。《北平笺谱》收录劭农画笺二十幅，涵盖花卉、果蔬、动物、清供等各种题材，分别由清秘阁、荣宝斋、成兴斋三家名店刻印，精品应收尽收。陈、齐的成就，已载入文化史册，但王劢农又是何人？画红人不红，是显而易见的。

　　熟悉笺纸的朋友，当然还可以指出，在清末文美斋梓行的《百花诗笺谱》中，除了一代宗师张和庵的折枝花卉，唯一入选的就是王劢农的笺画。劢农笔下的花卉，不似张和庵以秾丽颜色与西式造型著称，而是设色清雅、姿态飘逸，极具中国传统文人画意，足以与张氏平分秋色。王劢农每画必有题句，或蕴含诗意，或讽喻世情，令人回味无

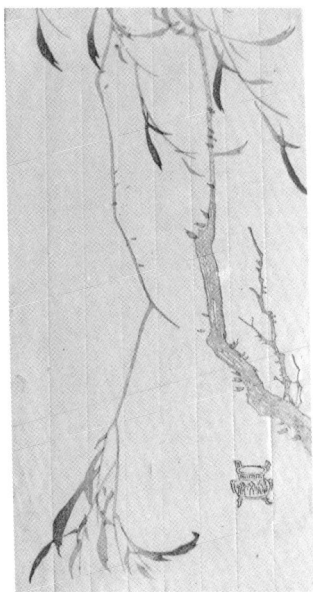

王劢农绘笺

穷，称得起别开生面的一代笺画大家。他在《北平笺谱》中所占的位置，并非毫无来由。

关于王劭农的生平，人们通常只道他晚清中过进士，做过地方官，有关他的作画生涯、身世经历，外界却知之甚少。对诸多笺纸爱好者而言，这不得不说是一个颇大的遗憾。清末民初，北京琉璃厂的文人墨客多如过江之鲫，当时也罕有资料档案留存意识，因此许多笺纸画家无声湮没在历史长河中。郑振铎为《北平笺谱》搜集画家资料时，就已感到此项工作的大不易行。他在《访笺杂记》中特意记载："为了访问画家和刻工的姓氏，也费了很大的工夫。访之笺肆，亦多不知者。求之润单，间亦无之。打听了好久，有的还是见到了他的画幅，看到他的图章，方才知道。"由此可见，王劭农的身世与绘画生涯不为时人周知，实属正常。

二

有关王劭农的生平，最完整、权威的记载来自近代学者冒广生所撰《故徽州知府王公家传》。冒广生与劭农次子王曾绶曾为同僚，对劭农以"世愚侄"自称，因此动笔义不容辞。

王劭农，名振声，字劭农，一作少农，多以字行。生于道光二十二年（1842）五月五日，卒于壬戌年（1923）

十二月二十五日，享年八十一岁。王为北京通州人，同治
元年（1862）中举人，同治十三年为进士，授工部主事，
历任员外郎中、监察御史，并任会试同考官、监考官。王
劭农仕途高点出现在光绪三十一年（1905），加三品衔，赏
花翎，离京出任徽州知府。然而王劭农在徽州知府任上仅
过了不到两年，就于光绪三十三年离任返京。究其原因，
按照王劭农致友人书信中的说法，徽州当地"天多雨雪，
阴冷沁人肌骨"，"地方瘠薄，筹款尚须设法筹划整顿"，
"土客民教杂处，且好赌健讼，不时生事，亦颇难治"。由
于水土不服兼施政困难，王劭农最终告归还乡，结束了从
政生涯。返京后，劭农建"意拓园"隐居，以诗书画自娱
终老。民国十年（1921），王劭农同时获颁总统匾"望重耆
英"与御书匾"仙桂重芳"，最终赢得了民国政府与前清皇
族的双重肯定。

纵观王劭农的为官生涯，没有特殊的高光时刻，也谈
不上给历史进程带来影响，但他任监考官时尽心尽力，秉
公而为；任监察御史时，提出数项优化吏治与改善民生的
建议并获施行；在徽州任知府时设立新式师范学堂，同时
周历各县实地考察，疏通运粮河道，这些点滴仁政不断汇
集，成为"荦荦大者"。即使辞官回乡，他也积极运用影
响力为民请命，在通县发水灾时大力呼吁开粥厂赈济灾民，
在庚子事变中替死难者家属向朝廷申请抚恤金，这些举措
令他平淡无奇的为官生涯充满了浓厚的人情味。

在冒广生看来，王劭农的仕途进退不只是政事得失，更关系到在一个什么样的时代做一个什么样的人的大节问题。他将对王劭农的评价置于晚清时政大背景下，以小人结党营私反衬谦谦君子的难进易退，以小人专政的恶果来验证君子独善其身的明智，又以王劭农对晚清祸变的伤心来展现其质朴淳厚的人格，对王劭农的一生做了恰如其分的解读与定论。

三

在王劭农辞官回京后的第四年，辛亥革命爆发，年届七旬的劭农以亡宋孤臣郑思肖为楷模，自署"心清老人"，竟日流连于书画之中。他的诗歌、文章、楹联、往来书信陆续汇编成集，日记一直记录到生命最后几天。同代人认为王劭农的气节与陶渊明和郑板桥一脉相传，赞誉他为"郑公三绝诗书画，陶令一官归去来"。阅读"心清室"的诗文书信与日记集，仿佛打开一个时间胶囊，不但劭农的人生主要经历如前文所述变得明晰，他的书画渊源、与琉璃厂的交游、笺纸创作细节及轶闻趣事也一一浮出水面。

按王劭农撰写的《趋庭退记》所记，其父王立藻曾随清代画家司马绣谷弟子马奇英学习花鸟画，进而宗法新罗山人华嵒，晚年山水画则学戴熙。劭农自幼即对绘画耳濡目染，同时在父亲的具体指导下观帖习字，"故余书之不甚恶劣，皆奉先君之教也。"

后人冯汝琪在《心清室文存》序言中对王劭农的文风画格有以下论断："盖以公画宗绣谷、华新罗，书法铁梅庵（铁保）、赵㧑叔（赵之谦），诗则喜谈板桥（郑板桥）、船山（张问陶）二家"。清末教育家郭家声在《心清室诗存》序言中评称："（劭农）生平兼通艺事，画尤绝人，能于南田（恽寿平）南沙（蒋廷锡）外自辟蹊径。"这其中虽不乏晚辈亲友的溢美之词，但对照王劭农的笺画与题字，是可以很清楚看出他的书画渊源脉络的。

在《心清室日记》中，王劭农挥毫记录不胜枚举，所载均为中堂、横画、匾额、对联、寿屏等大幅作品，不见有为南纸店绘制笺画记录。按王劭农子嗣在《先公画山水册书后谨识》中所言，"先公早年画花鸟，仿司马绣谷，进而师华新罗，皆率应酬之作，屏扇小品，间作巨幅，未尝存有卷册"，推想可知劭农不以小品笺画为意，所作数量又多，故未记于日记中。

王劭农画风清雅不俗，在朝在野均享有美名，他设有笔润，颇以作画售画为乐。劭农《题画润格》诗曰："画债年年纸作堆，秋风过耳任人催。笔干少与分河润，一笑名华顷刻开。"同时有自述《卖画老人传》，文笔幽默诙谐。文章说："卖画老人，不知何许人也。侨寓北平左掖门外，家有意拓园。盖齐东乌有老人之迹也。""画不求工，都写诗意，以笔墨生涯所画奇松古柏、风柳雪蕉、晚枫秋桐、残荷篱菊、丹桂墨梅、幽兰疏竹，杂以异花奇石数十品。""闲时携赴海王村寄卖，遇骚人墨客即赠画换诗而归；遇豪贵必数倍其价，得钱沽酒肴，小饮薄醉，馀者散诸绕膝儿，时人目为画隐。"文中记述的绘画题材、风格和他的笺画是高度一致的。王劭农具有相当高的社会地位，家中车夫佣人齐备，琉璃厂南纸店服务周到，无论取送都方便自然。他虽喜逛琉璃厂，但是断断不会亲携书画送至店中的，自述中所述只是谐趣而已。

虽然京津多家笺肆均刻印王劭农的笺画，但按《心清室日记》所载，明确提及名号的南纸店只有清秘阁一家，前后共计十四次之多：

光绪二十九年二月初八（1903年3月6日）：买清秘阁赏封纸一百付，赏扇廿把，锭子十块，蜡笺虎皮笺封料五付，十八房集锦横一张，十八房集锦斗方三份，小墨海砚一块，华青膏两碗。

光绪三十三年九月二十九（1907年11月4日）：到清秘阁买冷金宣一张。

光绪三十三年十一月十二（1907年12月16日）：到清秘阁买纸归。

光绪三十四年二月初三（1908年3月5日）：午后出城，赴琉璃厂清秘阁看笔。

光绪三十四年四月初一（1908年4月30日）：午后出城，到清秘阁刻图章二方。

光绪三十四年六月十二（1908年7月10日）：午后出城访金小山，复到清秘阁买纨扇归。

宣统二年四月初一（1910年5月9日）：午后赴清秘阁看寿屏纸，询办屏价。

宣统二年四月初五（1910年5月13日）：清秘阁定做六尺屏一画。

宣统二年四月廿七（1910年6月4日）：因寿屏裱坏，又补写一条，送清秘阁赶裱。

宣统三年六月廿六（1911年8月20日）：出城，到清秘阁。

民国三年八月廿八（1914年10月17日）：申刻同延子澄赴广和居便饭，旋到清秘阁取裱画归。

民国五年十一月十五（1916年12月9日）：到清秘阁订册页。

民国六年四月初五（1917年5月25日）：午后带曾儿赴清秘阁看裱画题签，送托孙筱舫寄东祝张振老八十寿。

民国十年四月廿二（1921年5月30日）：赴清秘阁买对纸折扇。

清秘阁据传最初为乾隆乳母之子开设，一百多年来与清皇室及官场有着深厚的关系。作为朝廷命官乃至清朝遗老，王劢农对清秘阁青眼有加是很自然的。此间第一处日记为劢农首次出任科举考官时的准备，之所以要齐备如此多书画用具，正是为应对同侪索画之用。果不其然，在随后的日记中，他有"午后小雨，终日未出门，数日作画扇纸甚多，是日始画完"、"是日各同考送扇纸求画"的记录，可见当时劭农画名已显，且颇为画债所累。

第二至第十四处日记为王劭农归京退隐后的日常逛店淘宝记录，后人可在寥寥数语记录中想见当时清秘阁的经营盛况。它作为京城最知名的南纸店之一，不仅各种款式的笔墨纸砚、扇面颜料应有尽有，同时还为顾客提供加工寿屏、定制册页、装裱书画、刻印图章等多种按需服务，日记中特别提到"定制六尺屏"、"赶裱寿屏"、"看裱画题签"等细节，不难看出清秘阁工匠的精湛技艺以及王劭农与清秘阁的良好关系。

四

读王劭农的日记与诗文集，会真切感受到书画文墨已经深深融入他的血脉，成为他工作生活不可分割的一部分，同时亦有几件小事是从前文房与笺纸研究界似未留意到的细节，或可补史实之阙，特汇录如下。

（一）刻字匠与节孝牌位。按《心清室日记》记载：光绪三十年三月十六（1904年5月1日）：辰刻开门，进二场卷三千九百九十九卷，归文明堂，内收掌用戳，齐后再分卷，故今日未上堂，即在监试处收荐卷。前总裁奏折批回，由外监试交内监试传进，令委员呈交总裁。刻字匠一名病重，开门扶出。

光绪三十二年腊月十一（1907年1月24日）：杨定森禀见，云节孝祠牌位已做齐，须排画乌丝格再书写。牌横长二尺二三寸，高一尺，每牌须写三百名，共二百二十牌，计节烈妇女六万六千名，书写甚不易，须筹笔资。

以上两则日记分别记于劭农任科举考官和徽州知府之时，虽然日常事务处理起来已经颇为琐碎繁重，但他仍本能地关注到刻字匠的状况和书法誊写规范。此时他虽是一名合格的地方官员，却更像是一位精通南纸店和刻书铺业务规范的行家里手。

（二）定制徽墨。王劭农在徽州知府任上，曾查验歙县贡墨，时在光绪三十二年二月二十四（1906年3月18日）。计有万年红硃锭一、黄山图一、耕织图一、棉花图一，四大匣，每匣中抽屉四层，每房墨十六块。

劭农本人当年晚些时候也向胡开文定制用墨，系云海鸿泥墨二斤四十块、黟山灵秀墨二斤六十四块，如意二柄，另置成匣墨大小十八匣，计价百元有零。

（三）落款由来。劭农的笺画落款还有烂柯山樵、坚脑生、七十二芙蓉仙馆、挹香斋等。按《卖画老人传》自述，"识者谓老人为烂柯山观弈王质之后身云。""烂柯山樵"是用王质山中观棋典故比喻自己历尽世事变迁。"七十二芙蓉仙馆"则见于《意拓园图记》："（正室为澹静草庐），左为七十二芙蓉仙馆，南窗设画案，笔砚精良，偶点笔写诗意，倚窗一窥群芳，灿然在目"，可知仙馆为劭农画室名。

劭农自号"心清老人"，"坚脑"与"心清"实为一体，又以"坚脑生"暗对后汉董宣"强项令"，指代自己矢志不渝。劭农宅中遍栽芳草鲜花，他在日记中有多笔购植菊花、梅花的记录，"挹香斋"顾名思义即是赏花闻香之所在。坚脑生、挹香斋虽未见明确文字说明，想必不中亦不远矣。

（四）诗赠孝慈。王孝慈是笺纸史上令人无法忘怀的一个名字，正是他慷慨出借珍藏的明代原版《十竹斋笺谱》供郑振铎复刻，才能让这部不朽的名作再生流传。王孝慈生于光绪九年（1883），与王劭农同为通州人氏，民国时曾任大总统秘书、国务院秘书厅佥事等职，是著名藏书家。《心清室诗存》中有劭农应孝慈之邀题诗两首。

《王孝慈素嗜观谭鑫培演剧时伶已故特汇其所演剧目装成一册征诗为题截句》："供奉离宫奏管弦，曲高独让老龟年。一门忠烈想宁武，绝调昆词惜未传。"

《孝慈又出一册剧目有宁武关别母上寿一出可为完璧惟无少年武剧因再题截句标出》："盛名久冠数歌曹，难和都称曲调高。谁识当年好身手，悟空筋斗石郎刀。"

王劭农日记中听戏记录极多，频次不在题字作画之下。王孝慈不仅也是戏迷，更是谭鑫培的"发烧友"，在谭过世后将收集的谭氏戏单装裱成册，请人题诗纪念。二人的交集主要源自对京剧的痴迷，而在笺画方面不见互动记载，实在是一桩憾事。作为一代笺画圣手的王劭农如有机会饱览王孝慈所藏《十竹斋笺谱》，会有怎样的评判，激荡出怎样的艺术灵感？可惜历史无法假设，那只是后人的一厢美好愿景罢了。这两位在笺纸艺术史上留下浓墨重彩的人物，能有一瞬的交互，想来已足够令人欣慰了。

五

　　数日前，信步走入东四的"纸上声音"书店，在架上忽然发现《王振声日记》与《王振声诗文书信集》，这是凤凰出版社"中国近现代稀见史料丛刊"中的两种。我像是被电打了一下，赶忙将书抽出，稍稍翻阅便确定这正是我苦寻多年却无从深入了解的笺画名家王劭农。我顾不上再浏览其他书籍，赶忙来到付款台前。书店老板有点诧异，问道王是何人，这或许是书店统一配到的图书，虽然折扣不低，但也没想到过如此快卖出。我一时不知该怎样描述，只好简单回答，"他是晚清一个名不见经传的地方官，却是一位不可替代的笺纸画家"。我心中知道，这正像一道自己嗜尝已久的小众菜品，如今终于有机会将它奉献到大众眼前。

关于丛碧先生几页诗稿
的补注

赵　珩

　　不久前，友人寄下几页丛碧先生晚年的诗稿并注文图片求证，从字迹看，确似丛碧先生晚年手书墨迹，然十分潦草，与此前的手书略有差异，写至第三页更见荒率，竖行已经歪斜至左。这份手稿真伪如何，本文不做判断，仅就其内容做一点补充。

　　诗稿录丛碧先生七言打油诗共五首，其后都有先生关于打油诗"本事"的注文，关乎先生晚年与友人的一次相聚。其本事已经见到有关的文字，且记录颇详，我就不再在此重复了。此次小聚确系在1981年9月8日，是年丛碧先生八十三岁，距先生魂归道山（1982年2月26日）仅相隔五个多月时间，地点则是在荀慧生先生家中。其记录较为详尽者，可以参见王家熙《翰墨相随十四年——怀念俞振飞先生》一文，并有是日所摄的两张照片为证。这两张

1981年9月8日，南铁生、张伯驹、侯喜瑞、李洪春、俞振飞合影

照片中一张仅五位，即自左至右依次为南铁生、张伯驹、侯喜瑞、李洪春、俞振飞。另有一张与此大同小异，前坐者不变，而后排立者为谢虹雯、荀令香、张君秋、梅葆玖、李蔷华、荀令莱等六人。从年龄和辈分而言，都可以算是前排的晚辈（据说，这天参加聚会者大约二十馀人，梅葆玥等也来了。中午饭后，吴晓铃先生到场，并未在此吃饭，因此推断这两张照片应该是上午所摄）。前排的五位，也被称作是这次聚会中的"五老"。

以下分别录出五首诗及注文的原文，笔误、漏字随文注出，并做些亲身经历的小注。

　　耄年共话几沧桑，过去都成戏一场。好看后生新
子弟，升平歌舞庆家邦。

　　过去历史，成王败寇，犹如一场戏剧，方今国家
　　正是兴盛时期，吾辈老矣，待看后生载歌载舞，
　　以庆升平盛世。

　　前三首写满了第一页纸。开篇第一首即为丛碧先生对
于劫后馀生的感慨以及对于新时代到来的欢欣。

　　我自六岁开始进戏院看戏，至今已有七十年矣，可以
说在我这个年龄里，算是看戏历史最长的。赶上了众多的
名角，如梅兰芳、尚小云、荀慧生（程砚秋虽在，但是没
有看过）。须生马连良、谭富英、奚啸伯（杨宝森彼时多在
天津）、李少春、雷喜福、李盛藻等。其他行当中，旦行如
筱翠花、张君秋、罗慧兰、杜近芳，小生姜妙香、叶盛兰、
江世玉，武生孙毓堃、李万春、杨盛春、高盛麟、黄元庆、
花脸侯喜瑞、裘盛戎、袁世海、王泉奎、娄振奎，武旦宋
德珠、阎世善、李金鸿，老旦李多奎、李金泉，丑行的肖
长华、马富禄、叶盛章、孙盛武、张春华等等，在五十年
代还都经常登台演出，有幸躬逢其盛。

　　自1964年以后，学业繁忙，加上更有其他爱好，就基
本不看戏了。1980年以后，正如丛碧先生所谓的"好看后

生新子弟"时期，欣逢百废俱兴，许多老演员尚能登台，而新秀不断涌现，大批传统戏恢复了演出，戏曲舞台的确是又一番繁荣兴盛景象，确实正如丛碧先生的有感而发。所以我自1980年以后又恢复了看戏。

二

> 化境风神出自然，只能意会不能传。寸心得失文章事，八十年来共一谈。

> 王渔洋论诗，以神韵为主，戏剧亦然。能到化境，则自然产生神韵。须积累多少经验，及一生修养。京剧武净有钱金福、侯喜瑞两老，但《连环套》及曹操戏，钱老不能迢【超】过侯老。盖其演出，能到化境。振飞先生，余曾观其《渔家乐》，唱念全用中州音韵，及做派神情游刃有馀。唱念做能教，而韵则只能意会，不能言传。杜工部诗云："文章千古事，得失寸心知。"我等皆八十岁以后人，可以一谈矣。

第二首则是对侯喜瑞与俞振飞两位艺术造诣的评价，注文尤其明确谈了对侯喜瑞和俞振飞两位先生艺术成就的看法，都是极为中肯的。

侯喜瑞（1892—1983）是年八十九岁，是"五老"中

金福侯喜瑞两老伴连环套及曹操

戏，钱老尤不能超过侯老，盖史演出能到

化境，振飞先生，余曾观其渔家乐唱金

全用中州音韵及做派神情游龙戏凤有余唱

念做能教而韵则只能意会不能言传起

等皆八十岁以後人可以一谈矣

京沪菊坛各一帮，如何分北调与南腔秦

琼饰演天堂县谁道洪春是外江

人传洪春演红净老生，为外江派，实则

能文武老生余曾观其演天堂县秦琼表功，力

一招一式皆有准绳，绝非外江派也。

张伯驹晚年诗稿第一页

（一）老毛年共话几沧桑。过去都戏一场。好看後生新子弟，昇平歌舞庆家邦。（俄）

过去历史成王败冠，猶如一场戏剧，方今国家正是兴盛时期，吾辈老矣，待看後生载歌载舞以庆昇平盛世

化境风神出自然，只能意会不能傅寸心得失文章事，八十年来共一谈。王渔洋论诗以神韵为主，戏剧亦然，

223

最年长者。侯先生坐科于富连成，系"小喜字科"。出科后拜黄润甫为师，是黄派花脸。在后来的"金郝侯"三位花脸中属于架子花。能戏甚多，尤其以《战宛城》、《连环套》、《取洛阳》等最受观众追捧。我小的时候有幸看过多次他晚年的演出，印象最深的则是1957年秋天在前门外粮食店的中和戏院看的《战宛城》之曹操，可谓精彩绝伦。不久前，在中央电视台11频道的"空中剧院"访谈中，我还谈起当年侯老在"马踏青苗"的表演。虽然彼时我仅九

侯喜瑞在《战宛城》
中饰演曹操的剧照

224

岁，但在一生中确是留下了不可磨灭的记忆。那天的《战宛城》由孙毓堃饰张绣，筱翠花饰邹氏，三位都是一时最佳人选。侯老的嗓子虽然沙哑，但是有炸音，工架极好。在"金郝侯"三位中独树一帜，他所塑造的曹操、窦尔墩、马武等人物，每次出场碰头，即已先声夺人。可惜侯派传人甚少，入室弟子仅袁国林一人耳，却又英年早逝。

俞振飞（1902—1993）是年七十九岁，在"五老"中是最年轻的一位。

俞振飞常年在上海，来京演出不多，五十年代多与梅兰芳合作，我在五十年代看过两次他与梅兰芳、姜妙香三位合作的《贩马记》，一旦二小生，但是姜、俞演来各有特

俞振飞晚年生活照

色，绝对不是程式化，精彩之极。俞振飞颇有家学，极富书卷气，大抵这就是丛碧先生在诗注中所谓"韵"罢。

八十年代初，俞振飞先生也曾来北京参加过一些纪念性的演出，几乎每次都去看了，比起当年确是有些力不从心，毕竟年近八旬，我最后一次看他的演出是在护国寺街的人民剧场，他的《太白醉写》，走的是昆曲大官生的路子，十分精彩。

十几年前，有人拿来一部手钞本的皮黄《四郎探母》本子，似是清末旧钞，共四册。唱词和念白都与今天流行的本子有所不同。且每本第一页的右下角都钤有"江南俞五"的印章。当是从俞家流出的故物。

三

　　京沪菊坛各一帮，何分北调与南腔。秦琼饰演天堂县，谁道洪春是外江。
　　人传洪春演红净、老生为外江派，实则为能文武老生。余曾观其演天堂县秦琼表功，一招一式，皆有准绳，绝非外江派也。

第三首是写李洪春的。李洪春（1898-1991），是年八十三岁，与丛碧先生同庚。在"五老"中也是最长寿的。

李洪春早年曾拜王鸿寿（三麻子）为师，学习红生，向有"活关公"之誉，因为起于沪上，与三麻子又系师徒，因此有人对李洪春多有"外江派"的微辞。其实李洪春不但擅长红生，老生、武生行当皆能，曾经傍过无数名角。因其早年老生戏不少，也曾演过《卖马》等，故有"秦琼饰演天堂县，谁道洪春是外江"之句。

我因从小喜欢关公戏，因此看李洪春的戏很多，大抵从《斩熊罴》到《走麦城》，关羽一生都有饰演。当年与杨小楼、王瑶卿等前辈都曾同台演出。大凡梅尚程荀的戏他

李洪春饰演关公剧照

也都曾挂过二牌，傍得恰到好处，无不认真严实。在旧时代，演员从艺艰难，而李洪春台上台下人缘都好，又能戏众多，晚年，观众多以"李洪爷"尊称之。

上世纪八十年代，我负责《燕都》杂志编辑工作，彼时撰稿的作者遍及各个领域，戏曲也是重要的门类。菊坛之旧事掌故，梨园之台前幕后，以李洪爷所知最多，不但京津地区，对于沪上菊部也十分通晓。于是我经常去东城南小街李洪春的家里聊天请教。彼时李洪春虽已八十多岁高龄，但是脑子非常清晰，记忆力甚好。一聊起梨园旧事，总是滔滔不绝。他虽然正式的弟子不多，但是生行问艺者不少。我每次去，都遇到原中华戏校的"和"字科齐和昌随侍左右，执弟子礼甚恭。李洪爷对门下弟子都会直言评价，十分中肯，绝对不留情面。他曾对我谈过对王金璐、袁金铠、何金海的评价，都非常准确。尤其为何金海惋惜，说他其实会的最多，可惜嗓子倒仓后就始终未能缓过来，终身没能成"角儿"。当年我与何金海也很熟，他曾几次来过我家，深知他是个"戏包袱"，会的多，总讲也熟。多冷的戏问他，都能给你说出个子午卯酉。

后来，李洪春在刘松岩的协助下，出版了《京剧长谈》一书，自述从艺经历以及许多的梨园前辈的艺术成就，影响卓著。1986年，李洪爷以八十八岁高龄在北京吉祥戏院登台演出了《走麦城》中"刮骨疗毒"一折，轰动一时，可谓是一票难求。虽然是搀扶上台，倒也吻合剧情。演出结束后，我到后台去看望他，彼时已经捺了头，正在卸妆，我们还一起合影留念。

四

      菊部名齐缀玉俦，金樽檀板转歌喉。花王华贵今何在，兄弟南家亦白头。

      铁生，人谓与畹华齐名，于堂会中曾观其演出。

      今畹华逝世已二十年，铁生尚有弟，时称南家兄弟，亦垂垂老矣。

第四首在第二页，是写南铁生的。南铁生（1902-

南铁生早年便装照

1991），是年七十九岁，与俞振飞同庚。

从丛碧先生的诗注看，他与南铁生并不十分熟悉，从诗中可见，也仅是曾经在堂会中看过南铁生的演出。南铁生是票友出身，后来下海。"菊部齐名缀玉侪"，一句，指的是早年南铁生有"汉口梅兰芳"之称，也曾红极一时。今天的人对南铁生可能都不太熟悉，是因为他在1949年以后就基本息影舞台，我没有赶上南铁生彩唱，但是从当年的剧照看，确实扮相俊美，神态眉眼绝对不输一时当红的坤旦。

五十年代末到六十年代初，我曾与南铁生同住在东四二条七号院，因此对他十分熟悉，我在《二条十年》也提到过。那时我家住在西跨院，而南铁生租住在正房后院的东厢房。他也经常到我家，和我祖母聊天。那时南铁生已经发福，白白胖胖的，留着小平头，绝对不是照片中衰老的样子。每到夏天，总是穿着一身牙黄色的杭罗裤褂，圆口布鞋，手里拿着把蒲扇，十分潇洒的样子。那时祖母在东城区政协，除了学习之外，有很多文娱活动，家里也经常有许多政协朋友和戏曲界的人来小聚，或是有胡琴拉上几段，清唱消遣。南铁生从后院来我家，要从前院绕个很大的圈子才能走到西跨院，他总是晚饭后溜达过来，从来不在家里人多时来凑热闹。大约在这里住了不到两年，据说搬到西郊去了。因此我对他十分熟悉。那时就听两位祖母说，他就是当年的"汉口梅兰芳"。

　　南铁生当年拜过王瑶卿，确实很红，曾演过全本的《廉锦枫》，其他如《太真外传》、《宇宙锋》等都能演出，大抵梅先生的戏都敢动，许多生行如谭富英、王琴生、叶盛兰、俞振飞等都曾与之合作。梅兰芳室名"缀玉轩"，因此故有"名齐缀玉俦"之句。

五

　　骅骝此日已无寻，往事重谈感慨深。戏凤游龙空一梦，留香犹在不留音。

　　（下接另纸）

　　慧生艺名初为白牡丹，唐诗人赠李端瑞【端】诗有"觅得骅骝被绣鞍，一朵能行白牡丹"句。余组织京剧基本艺术研究社，康生谓我与李济深保存京剧旧剧目，以致江青的样板戏推迟产生好几年，把我列入右派。对我批斗时，慧生发言："慧生认为传给后辈京剧艺术是好事"，看不出我有反党的事，始终一言不发。又以为我是旧时贵公子，经此波折，或生他故，后见我态度自然，满不在乎，始为放心。"文化大革命"前，相商共为《游龙戏凤》录音，而"文化大革命"起，遂止。后未与慧生再见，而一别分霄壤矣。今与慧生夫人重谈往事，不〈胜〉慨然……

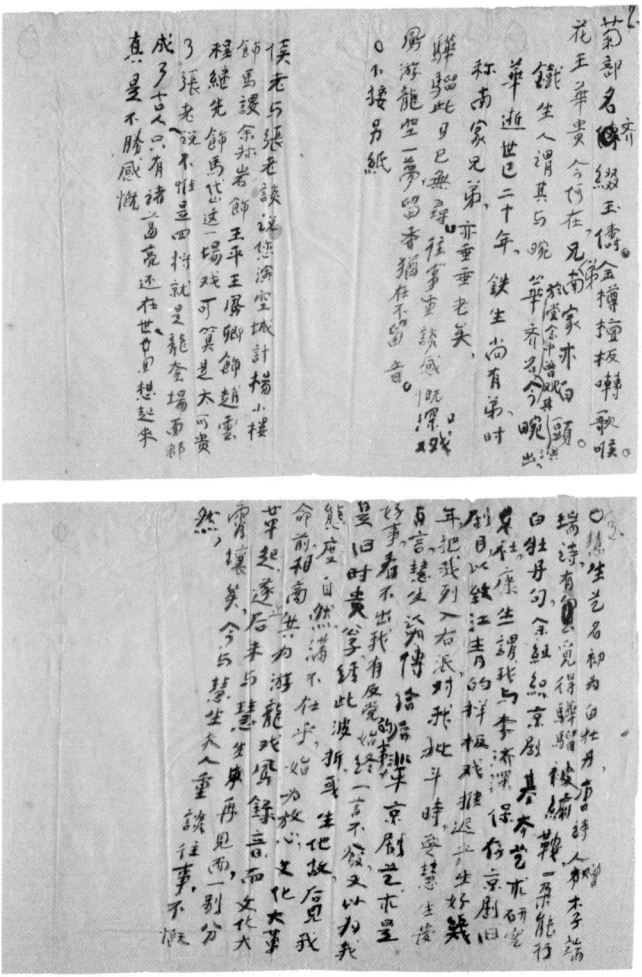

张伯驹晚年诗稿第二、三页

第五首在第二页的第四首之后，下无注文，而有"下接另纸"四字，当即第三页文字，内容也能完全对应，故接于诗后。

这一首则是写荀慧生（1900-1968）的。这次"五老"聚会，是在原来荀慧生的家中，虽然荀先生已是古人，但丛碧先生不由得仍会想到这位老友。

丙午浩劫时，四大名旦中的梅先生和程先生都已作古，幸好没有赶上，尚先生此前已经到陕西西安，也没有在京。于是荀慧生先生就在劫难逃了。1966年秋天那次在北京孔庙批斗文艺界的会上，以老舍和荀慧生受的罪最多，其惨状就不在这里赘述了。

荀慧生早年艺名"白牡丹"，是学梆子出身，后用功甚勤，初享名于上海，回京后大红，跻身于"四大名旦"。我在少年时代看荀先生的戏不多，但看过六七次总是有的。中年以后，如《荀灌娘》这类的戏，因年龄已不适合，就很少演出了，唯一《红娘》却是长演不辍。其他如《勘玉钏》、《金玉奴》、《花田错》、《香罗带》等我也都看过。

荀先生的室名曰"小留香馆"，故而丛碧先生在此诗中有"留香犹在不留音"之恸。而此次五老的聚会也就是在荀先生故居。当时，荀夫人张伟君尚在，但在这两张照片中却都没有荀夫人，不知何故？

诗与注文一是对老友荀慧生的怀念，当年丛碧先生与荀先生有约，要为《游龙戏凤》配音，可惜终未能如愿；

二是对于1957年那场批判的回忆，但或许是丛碧先生的记忆混乱，在彼时还没有"样板戏"那种提法。康生虽然是那时挥大棒的主要人物，但是当时也不可能会有如是说。这次恢复的"禁戏"中，最突出的当属由筱翠花与雷喜福合作的《马思远》，但我彼时还小，也因"儿童不宜"，没有去看过。至于筱老板的戏，也仅看过《战宛城》、《坐楼杀惜》、《梅玉配》、《翠屏山》四出而已。

当年在批判张伯驹的会上，荀慧生能秉公直言，为丛碧先生回护，是十分难得的，也说明荀先生的忠厚，而不少与他过从很密的旧友，其时发言倒是十分激烈，于此也能看出人品之高下。

六

> 侯老与张老谈，说您演《空城计》，杨小楼饰马谡，余叔岩饰王平，王凤卿饰赵云，程继先饰马岱，这一场戏可算是太可贵了。张老说，不惟是四将，就是龙套场面，都成了古人，只有诸葛亮还在世。回想起来，真是不胜感慨。

这一段文字在第二页，与第五首诗之间空了两三行的位置，且没有顶格书写，似乎是第六首诗的注文，留空是为了以后补上六首诗。

丛碧先生在戏曲方面的往事，被反复谈论的基本不外是三件事。一是他的《红毹纪梦诗注》，二是关于那次在北京隆福寺福全馆的《失空斩》堂会演出，三是1957年因倡演恢复旧戏而得罪。1957年得罪，已见于第五首，这里是关于那次堂会的叙述。

最令人不解的是"侯老与张老谈说……"云云，这完全像是第三者的记录，而不像是丛碧先生的口吻，关于这点，只能姑且存疑。但是内容确是关于那次堂会的回忆。这次堂会最为精彩的环节是由杨小楼、余叔岩、王凤卿、程继先扮演的马谡、王平、赵云、马岱四将的起霸。关于这些，以香港报人丁秉燧的叙述最为详尽。

这次福全馆的堂会是在1937年的正月，正好是丛碧先生的四十大寿，同时也是为了赈济河南旱灾，票价大洋五元，全部款项捐给慈善。彼时，卢沟桥事变尚未发生。

除了四将外，由京城名票陈香雪饰演司马懿，钱宝森饰演张郃，而两老军原定由慈瑞泉和王长林之子王福山饰演（王长林去世后，许多角色即由其子王福山替代），那日因王福山突然拉肚子不能登台，即由票友管翼贤担纲。说起这位管翼贤，在京城也是大大有名，他曾留学日本法政大学，从二十年代起即进入新闻界，主办《时报》（京城多称为小《时报》，出刊时间很长），其人才华横溢，也是票友。但在北平沦陷后甘心附逆，1946年胜利后被国民政府判处死刑，但因其不断上诉，未能执行，直到1951年才被执行枪决。因此，许多人都以为那日扮演老军其一的是王福山，其实是由票友管翼贤临时代替的。

确如丛碧先生所言，"不惟是四将，就是龙套场面，都成了古人，只有诸葛亮在世。回想起来，真是不胜感慨"。侯喜瑞与丛碧先生回忆此事时，距1937年已经四十四年了。

从丛碧先生与梨园界的交往而言，这次聚会并非是丛碧先生的菊部旧友，关系也不算很深，偶然临时发起小聚，也是老成凋谢中的硕果仅存几人耳。

这次聚会已经是四十一年前的往事了，当时的参与者如今多已不在。这几首丛碧先生的打油诗，就留作他年记事珠罢。

庐隐的未婚夫"林鸿俊"

王　蔚

　　2015年出版的六卷本《庐隐全集》中收有编者王国栋所撰《庐隐正传》，记叙了庐隐中学时不顾母亲反对，与亲戚林鸿俊相恋并订婚，大学时又执意解除婚约的经历。其他述及庐隐生平的书籍文章里也经常提及庐隐的初恋林鸿俊。事实上，庐隐笔下并未出现这位未婚夫的姓名，所谓"林鸿俊"只是后人的虚构。此人的真实身份和事迹，一直被这个化名遮蔽至今。

《庐隐自传》的隐晦与刘大杰的曲饰

　　传记作者对庐隐初恋的描述，基本直接采自《庐隐自传》。庐隐1934年5月13日因难产处置不当去世，生前已写毕自传，1934年6月作为遗著出版。《庐隐自传》中与"某君"的相识和订婚发生在庐隐从北京女子师范学校毕业前

237

一年，即1916年。当时庐隐之母已经在为她谋划终身大事："哥哥有几个朋友，母亲很想在其中选择一个女婿"。恰在此际，"姨母有一个亲戚某君，新从东三省来，只有三十岁，他本来在日本读书，后来他父亲在黑龙江病重，喊他回来，他从日本回来不久，他父亲便作古了。因此他不能再到日本去读书，想在北京找些事作，所以投奔了姨母来。""他是一个有志的青年，但幼年死了母亲，……跟着父亲过着寂寞的生活，现在他连父亲也死了，弄得自己成了一个天涯畸零人，就想读书也无人供给学费。"某君因看小说的共同爱好与庐隐结交，向她求婚，庐隐母亲"觉得他太没有深造了，一个中学生将来能做什么事呢，所以便拒绝了他，并且又因为我哥哥另外正进行着别一方面的事，因此他简直是失败了"。但庐隐表示情愿嫁给某君，某君也承诺会读完大学，并有亲戚资助学费，二人终于订婚。中学毕业后，庐隐当了三次中小学教员均不成功，厌倦教书生涯。1919年，北京女子师范学校改组为高等师范，开办本科。庐隐想重回学校深造，遭母亲反对，于是暑假后又教了一段书，积攒学费，方作为旁听生进入国文系就读。入校不久，发生了"日本人在福州打死人的事情"，庐隐被选为女高师福建同乡会代表，忙于社团活动，常同其他学校男生一起开会，编辑刊物。此时已大学毕业的某君对此不以为然，劝说她"一个女人何必管那些事"，"不要太新"，庐隐觉得他思想庸俗，心生嫌弃。某君"学的工程方面的东西",要去报考高等文官,庐隐也觉"简直太滑稽的可笑"。虽然他忠厚老实,对待庐隐温和诚挚,志趣却无法相合,庐隐终于不顾同窗好友的反对提出解除婚约。此时她已与同乡郭君(郭梦良)相恋。不久,某君"同一个很有钱的小姐结了婚"。

文中某君"只有三十岁",疑为"二十"之误。民初时代,三十岁这个年纪不应称为"只有",通常已成家立业,不会还在求学。庐隐不仅未写明某君姓名,其他身份特征也很模糊。庐隐去世当月,友人刘大杰发表《庐隐回忆

1924年1月,庐隐与郭梦良在上海远东饭店举行婚礼

记》，将她的未婚夫称为"姓林的表亲"，"比她年青，相貌很漂亮，人也很聪明"，"在工业大学毕业"，"到天津糖厂里去做事"，深得经理嘉许，同经理女儿结婚。现在这位姓林的"成了小资本家，成了工业界的要人。去年工业会议开会的时候，《申报》上登出他的名字来，庐隐见了，才把这件事源源本本地告诉我"。刘大杰文中披露了不少细节，显得真实可信，似乎林某的身份呼之欲出。然而，深究便会发现，这些信息颇有蹊跷。

中国旧式的制糖厂为蔗糖厂，设于四川、广东、江西等出产甘蔗的南方省份。清末，英商怡和、太古洋行在香港开办了新式设备的蔗糖厂，产品销往中国内地。东北引入甜菜种植成功之后，1908年，波兰人在黑龙江创办了以甜菜为原料的阿什河糖厂。民元后，以1916年日本人在奉天设立的南满制糖株式会社规模最大，东三省官办的呼兰制糖厂也曾开工生产。1920年，袁良、钱能训、傅良佐、靳云鹏等北京政界人物集资成立溥益实业公司，于山东济南建立溥益糖厂，生产甜菜糖，1921年12月正式开工，总经理袁良兼任厂长，沈继武为副厂长。也是在1921年，马玉山等人在上海招股筹建中华国民制糖公司，1925年方竣工投产。直到三十年代，天津都不曾开办糖厂。那位林君，自然不会是在天津糖厂做事。

刘大杰说的"去年工业会议"，应指1933年实业部计划召开，但会期一再迁延的全国工业生产会议。1933年11

月29日《申报》曾发表105名与会代表的名单，多为工业界、商界名流。105人中，姓林的只有一位林君潜，来自通益精盐公司。中国第一家新式精盐公司为范旭东1915年在天津创办的久大盐业。也是在1915年，孙多森、施肇曾、周学熙等政商闻人集资开办通惠实业公司，由通惠投资的通益精盐公司1919年底成立，总部设于天津，工厂在山东烟台，1921年投产，成为久大的主要竞争对手。通益的总经理林葆恒（子有）、副经理林镜汀，都是福建人。据滕宗海《烟台通益精盐公司史略》，通益成立后聘有两名化学技师，"一为林君潜，系美国威斯康星大学毕业；一为汪度，系北平工业大学毕业"。林葆恒之父林绍年为清末名臣，曾在云南、广西等省任巡抚，并曾入值军机处。林葆恒在清末也曾授有官职，民元后不仕，从事银行业和实业，长于诗文，与遗老名士多有交游。1951年林葆恒去世，长子林君潜撰《清中宪大夫直隶提学使林公子有讣告》，记叙了他的生平和家庭情况。即使天津"糖厂"为"盐厂"之误，林君潜的出身也同庐隐描述的某君相去甚远。刘大杰的回忆完稿于1934年5月19日，其时尚未看到庐隐自传，"关于这一件事，不知道她提到没有"。从情理推断，正因为不清楚庐隐如何记叙这段初恋，当会慎重落笔，不敢捏造，以免日后与本人的说法不合。然而，刘大杰指向林君潜，应作何解？

庐隐的童年回忆充满辛酸：从小不被父母疼爱，父亲早逝后在舅舅家过着寄人篱下的生活，被视为"笨的出了名的小厌物"，饱受母亲和姨母的虐待，亲属中只有后来从福建老家到北京、指点她作文章的大哥黄勉对她好。二哥黄勤（俭翊）在《庐隐自传》里往往被"哥哥们"指代，显得隔膜。庐隐不曾写出的是，家人责骂她读书不长进的背后，有着学业优秀的二哥作为楷模。1909年，游美学务处成立，以美国退还的庚款为经费选派留学生，并开办游美肄业馆，后改名清华学堂。1911年2月，清华学堂经考试录取十二至十五岁的第二格（中等科）学生，正取116名，备取25名，3月开学。黄勤在备取生之列，7月通过甄别考试成为正式生。与他同时被清华中等科录取的还有两位福建闽侯人林志辙和林志轼，后来都未在清华完成学业。林君潜撰写的林葆恒讣告中，载有林葆恒之侄林志轼的名字。而1947年编印的《上海清华同学录》显示，林志辙即林君潜。1917年，也就是庐隐中学毕业那年，黄勤从清华毕业，赴美学习银行专业，1921年获纽约大学硕士后回国，曾在浙江地方实业银行、中央银行、上海商业储蓄银行、西南兴业银行等处任经理。与黄勤同届从清华留美预备部放洋的44人里，另一位闽侯人是林志煌（叔晖），在哥伦比亚大学习商科，后娶海军总长刘冠雄之女。当初庐隐母亲拒绝某君与庐隐结合，除了嫌他学历低，另一原因是想在庐隐哥哥的朋友里选择女婿。从"哥哥另外正进行着别一方面的事"这一措辞来看，已有确定人选。黄勤在清华

庐隐

刘大杰

的同学兼同乡，家世显赫、前程大好的林君潜，可能就是黄勤和其母选定的佳婿。倘若如此，庐隐在报上看到林君潜之名，忆起年少时订有婚约的往事，也便顺理成章。庐隐向刘大杰讲述时或有所掩饰，刘大杰行文中也有所保留，将两位林君合而为一，以至只有作为引子的林君潜浮出水面，真正的主角反而隐身了。

由杜撰到讹传的"林鸿俊"

那么，庐隐那位初恋是否真的姓林？林鸿俊这个名字又是从何而来呢？庐隐去世后，昔日女高师国文系多位同窗写过回忆和悼念文章。1934年发表的王世瑛（释因）《悼庐隐》、苏雪林《关于庐隐的回忆》、冯沅君《忆庐隐》文中均未写到她的初恋未婚夫。1945年，程俊英在《忆庐隐》里提及此人，称其为林某。1986年，程俊英再撰《回忆庐隐二三事》，其中详细记叙了庐隐的初恋故事。庐隐曾将这段恋情写成文言小说《隐娘小传》，将未婚夫化名"凌君"，"身材魁梧，体魄壮健，谈吐温雅，待人谦虚，已近二十岁，既无父母，又鲜兄弟"。程俊英读过小说草稿，也听庐隐讲述过"凌君"的现实生活："他名林鸿俊，我姨母的亲戚，和我们都住在舅舅家西斜街，现在北京工业专科学校读书。"1920年暑假，庐隐说他这几年学习努力，成绩优秀，承诺"不管毕业后做什么工作，都要努力去做，使你的生活过得舒适些"。1921年秋，已经毕业，"担任了山东糖厂工程师"的林鸿俊写信向庐隐表达感激和爱意，"特别长，诚恳动人"。但庐隐坚持退婚，"听说林在山东工作很出色，被糖厂的厂长看中，介绍女儿和他相识结婚"。

程俊英是庐隐大学期间结为"四君子"的好友之一，熟知庐隐生平，所述当可靠。不过，林鸿俊一名并非出自她本人的记忆。1949年后第一部庐隐传记是1981年完稿的《庐隐传》，作者肖凤访谈了包括程俊英在内的多位庐隐生前友人。《庐隐传》中称庐隐的未婚夫为林鸿俊，并注明了出处："程俊英在女高师与庐隐同学时，看过这个人写给庐隐的信。她只记得此人姓林，名字忘记了。这个人的名字见李立明《中国现代六百作家小传》一书中《黄庐隐》一节，香港波文书局1977年10月出版。此材料的来源不详。"由此可见，程俊英是在肖凤采访后才得知"凌君"名叫林鸿俊，将此写入了回忆。程俊英的文章内容丰富，成为研究庐隐生平的重要史料，林鸿俊这一名字也广泛传播，俨然变成了事实。最初写出林鸿俊之名的李立明生于1926年，在香港求学、写作，其经历与庐隐无交集，无法掌握第一手材料。书中对庐隐初恋的描述系对《庐隐自传》的复述，没有其他新信息。所谓林鸿俊，应是为行文方便自行杜撰的名字。《中国现代六百作家小传》也曾被指出有许多细节错误，不可轻信。

从程俊英的叙述来看，庐隐的未婚夫是1920或1921年大学毕业。但程俊英撰文时已八十五岁高龄，记忆难免有偏差。《庐隐自传》里某君准备报考高等文官这一细节，表明他更可能是1919年毕业。1915年，北京政府颁布文官高等考试和文官普通考试制度，规定在国内外大学或高等学校修习各专门学科三年以上、有毕业文凭者可参加高等考试。1916年6月和1919年10月，在北京举行了两次文官高等考试，分别录取295人和480人。虽名为文官考试，也有技术类名额，包含理工农林医科十馀种专业。学工科的人去投考，是常规的就业途径，实则不像庐隐所说那般荒唐。

按《庐隐自传》所述，1919年暑假后她重回安庆的小学教了半年书，才到北京入读女高师，入学不久即被举为学生会干事，为国事奔走。"日本人在福州打死人"后，她作为女高师代表参与福建同乡会活动，忙于工作，很少回家。这时家里写信叫她回去，因为某君已大学毕业，要履行婚约。见面后，某君劝庐隐不要涉足政治，由此二人出现分歧。某君要投考高等文官，写信告知庐隐，也是在此之后。然而，这一过程在时间上无法成立。第二届文官高等考试是考前两月发布公告，1919年9月底报名截止，10月考试，而福州事件11月16日爆发，此时考试结果已揭晓。五四运动席卷全国后，上海成立了全国学生联合总会。1919年7月17日，全国学生会在上海开评议会，出席者中，有"安徽代表黄俊南、张淡如二女士"，提案请各地学生会组织妇女教育演讲团。7月19日，林元洪发起的中华闽籍学生会在上海举行成立大会，"安徽代表黄俊南女士"再次参加，并发表演说。北京女高师学生于1919年组织文艺研究会，发行《北京女子高等师范文艺会刊》。庐隐入学后也成为会员，向会刊投稿。文艺研究会会员录里，庐隐登记的名字是黄英，别字俊南。这样看来，"黄俊南"便是时在安庆任教的庐隐，她进入女高师前已经投身社会运动，回家议婚，与未婚夫龃龉，应也是她还在安徽时的事。自传此处移花接木，隐去了一些情节。

清末成立的京师高等实业学堂，民元改为北京高等工业学校，后改称北京工业专门学校，仍简称高工。学制为预科一年，本科三年，设机械、电气机械、应用化学、机织四个专业。1924年，北京高工正式改组为国立北京工业大学。北京政府的《教育公报》刊有高工每年的毕业生名单，从庐隐进入大学的1919年到庐隐毕业的1922年间，高工毕业生里只有一人姓林，即1919年以第二名成绩毕业于机械科的林为镕。1919年夏编印的《北京工业专门学校同学录》收有林为镕的照片和简介：别号一春，二十五岁，福建闽侯人，住址"北京宣武门外下斜街九十三号"。五四运动中，高工学生也积极参与，曾有数人被捕。《同学录》末尾收录了高工被拘学生返校时的合影，受到手执"提倡国货"等标语的全校同学的欢迎，还有一幅手书"愿我同学勿忘五月七日之国耻"，落款"林为榕"。可见林为镕应

大学时期的林为榕

庐隐与李唯建1930年
结婚

是校中活跃人物，名字当时已改作林为榕。程俊英文中提及，庐隐与"林鸿俊"同住在西斜街舅舅家"一幢几个四合院里"。西斜街位于宣武门外，从东北走向西南，清中叶后，北段称为上斜街，南段为下斜街。下斜街东部迤西毗邻一段旧城垣，故得名老墙根。1928年，清华学生李唯建经同乡教授林志钧引荐，在瞿世英家中见到了慕名已久的庐隐。李唯建在1981年写给肖凤的信里回忆，见面时庐隐给他留下了住址："宣武门外下斜街九十二号（？）"（肖凤在《庐隐传》书中收录了李唯建的来信，住址后标有问号）。两相印证，可以确认，家在下斜街九十三号的林为榕，便是与庐隐同住西斜街的"林鸿俊"。

林为榕的亲戚们

《庐隐自传》对其家世和亲属语焉不详，福建学者王维
燊曾实地考察，访谈后人，在1998年发表的《庐隐家世与
生平事迹拾遗》中做了系统梳理。文中首次揭示出庐隐父
亲黄宝瑛、舅舅力钧的姓名和生平，为研究者开拓了视野，
但过于依赖口述，某些细节不确。如将力钧长子、庐隐的
大表哥写作"嘉禾（又名舒东）"，称二表哥为"树蘐（又
名舒南）"，实际二人名为力嘉禾（字俶南）、力树萱（字
舒东）。1928年北伐军进入北京后，时任女一中校长的庐隐
一度被通缉，到表哥的医院里躲避。《拾遗》称该医院是力
嘉禾开的嘉禾医院，这一说法也被包括《庐隐全集》主编
在内的学者采信，实为力树萱当院长的尚志医院。庐隐寄
居在舅舅家的大宅院里，《拾遗》认为此宅即力钧在光绪末
年称病隐退后所置"鹅房田庄"。从与力钧交游的陈宝琛、
林纾、陈衍、郭曾炘等闽中名士的诗文中可知，力钧在下
斜街的住所号称"医隐庐"，"鹅房田"应指他在永定河畔
鹅房村（时属顺天府宛平县，今在北京市大兴区）所购的
数百亩田产。庐隐最初自名"隐娘"，后又改笔名为"庐
隐"，当是由力钧的室名脱胎而来。2017年，李厚威刊于
《福州晚报》的《庐隐母家力氏堪称科技世家》列举了力家
的知名亲属，对庐隐的家世做了重要补充。文中提到，庐
隐姨母力婉轩之夫名叫孙葆琦，其堂兄是曾与林纾、陈璧、

力钧一同在福州创办苍霞精舍的孙葆瑨。实际上，庐隐这位姨父孙葆琦，便是林为榕到西斜街投奔的亲属。

林为榕的姑姑嫁与侯官孙家，孙葆琦（步韩）是他的大表哥。从辈分上论，林为榕是庐隐长辈，而非一些作者笔下的表兄。孙葆琦二弟孙葆璐（彦科）比力树萱早一届从北洋医学校毕业，曾在奉天卫生医院、哈尔滨防疫所做医官，1911年任黑龙江省官医院院长，后供职京汉铁路医院。三弟孙葆玮1917年毕业于北京大学物理学门。孙葆瑨（幼谷）系名宦孙翼谋之子，清末也在东北任职，曾为奉天交涉总局总办（奉天交涉总局与日俄协商办理铁路、矿产、治安等事宜，1907年改为奉天交涉司）、洮南府知府，后又出任奉天交涉司使。林为榕祖父之妹嫁与闽县李家，亦为书香世家。同辈表兄李景铭、李景堃、李乔苹等均学有所成，担任公职。林为榕虽父母早逝，家世不及庐隐"哥哥的朋友"林君潜，仍不乏有地位的亲戚，即使没有与庐隐订婚，他也不难受到提携。

到北京高工就读，正可借戚谊乡谊之力，对林为榕是近水楼台的选择。高工教师中有王永炅、林志琇（林志钧之弟）、梁志和等多位留学日本的闽侯人，毕业于日本熊本医学校的力嘉禾正在高工担任校医，力钧的女婿，也就是庐隐的表姐夫陈器任英文教员。在林纾门生朱羲胄编辑的《林氏弟子表》中，陈器与力嘉禾力树萱兄弟、孙葆琦三兄弟、林志轼林志辙兄弟均列名林纾弟子。林纾与力钧过

庐隐表兄力嘉禾　　　　　庐隐表姐夫陈器

从甚密，辛亥兵变后，两家都到天津租界避难。林纾一家
1912年10月搬回北京，住在下斜街力家，直至1914年3月
到别处赁屋居住。这段时期，力树萱和陈器都为林纾充当
口译者，各自合译出两部小说。庐隐自述中学时是小说迷，
看过全部林译小说，与林为榕也是因看小说结缘，这种兴
趣其来有自。

　　林为榕的表兄李乔苹1915年毕业于高工应化科，1916
年通过文官高等考试，在农商部任职。高工改为大学后，
李乔苹重返母校深造，后从事研究、教学，著译颇丰。晚
年，李乔苹撰回忆录《七十回忆》，对家世和亲属有详细记
载，也述及林为榕，称其为"一春表弟"。书中提到，林

251

为榕的岳父，正是创办溥益糖厂并自任经理的袁良。袁良原籍浙江杭县，早年留学日本清华学校，清末从奉天警界步入仕途，后曾任奉天交涉司佥事、东三省军械总局总办，北京政府时期担任过国务院参议、中央农事试验场场长、国务院秘书长、全国水利局总裁等多种职务。庐隐笔下将林为榕的结婚对象轻描淡写地称为"很有钱的小姐"，刘大杰和程俊英转述时，也不过是糖厂经理的女儿，全然看不出是官宦之家。林为榕曾留日，亲属曾在东北任职，甚至先后在奉天办外交，与袁良颇有共同背景，这层关系也被隐去，成了只是表现突出受到赏识。

袁良原非国民党出身，后与黄郛、张群、熊式辉等政要交好，成为新政学系中人。1929年5月，张群就任上海市长不久，袁良被任命为上海市公安局长。1933年春，华北局势紧张，长城一线失守。5月，国民政府设立以黄郛为委员长的北平政务整理委员会，主持对日停战谈判，后签署《塘沽协定》。袁良也是平政会成员，6月出任北平市长。袁良在沪、平为官时雷厉风行，强硬敢为，任上海公安局长不久，便因接收市区保卫团遭到社会团体和国民党上海市党部抵制，当北平市长后，又因区长梁家义死亡案等风波被多名监察委员提案弹劾。与林为榕一样，袁良在性别方面观念守旧，注重风化。他在北平以新生活运动名义推行禁舞、禁止中学男女同校、取缔旅馆男女混住等政策，对妇女着装也设有不准赤足裸腿等诸多规定，屡次引发争

林为榕表兄李乔苹

北平市长袁良

议，沦为报刊时常批评讽刺的对象。庐隐撰写自传时，袁良正在仕途顶峰，庐隐本人也正是文坛佼佼者，与郭梦良和李唯建两段出格的婚恋每每被当作谈资。有鉴于此，不难理解她会尽量模糊前未婚夫的身份，以免被人对号入座，波及袁良，再次卷入舆论漩涡。

走向别样人生

　　1919年12月，文官高等考试及格者分发到各部门工作，林为榕不在其中，机械科共录取十六人，包括他的四名同班同学。不过他还是获得了差使，1920年1月，他被农商部派往萍乡煤矿实习，6月，又转到内务部土木司任事。1921年溥益糖厂在烟台开工，林为榕担任机械工程师。负责制糖的中方技师是来自北京高工化工专业的陆宝愈。1922年，溥益又附设酿造厂，用制糖的副产品糖蜜生产酒精。另一位高工毕业生陈騊声也到溥益任技师。陈騊声亦为闽侯人，系李乔苹妻弟。溥益从德国购买甜菜种子，由山东农户种植，成本高而产量低，原料不敷生产需要，无力与低价外糖竞争，长期亏损。又因战事频仍，运输不畅，1928年济南"五三"惨案后被迫停业。

　　与林为榕解除婚约，使得庐隐的人生走入另一条轨道，林为榕的人生也因结亲袁家而改写。1928年3月，国府派张群接收上海兵工厂并任厂长。不久，与张群同为日本陆军士官学校出身的孙葆琦族兄孙葆瑢任兵工厂副厂长，林为榕也到兵工厂任机器部主任，后为枪弹厂主任。1930年，兵工厂工会书记、国民党员孙镇同因抗议厂方不准请假并处分请假工人，被林为榕"诬指反动，拘押司令部"，上海国民党一区两分部对此相继发表宣言，指控林为榕"摧残工运，压迫党员，形同军阀官僚"。1932年，受"一·二八"淞沪战事波及，上海兵工厂将机器搬迁到杭州，后奉令停办，归并金陵、汉阳兵工厂。林为榕曾作为厂代表之一赴军政部请求整体保留上海兵工厂，未获采纳。10月兵工厂停办，他与一些高级职员调往兵工署。袁良到北平后，林为榕也北上，1933年9月担任平绥铁路下设的张家口机厂厂长。林为榕履新时，冯玉祥与吉鸿昌、方振武在张家口组织的察绥抗日同盟军刚解体，他眼中的机厂正值"工焰备极嚣张，工作因之懈怠"。主持扩建厂房、添设机器之馀，他也注重管理工人，并撰《张家口机厂两年来工作改进情况》总结了经验："以身作则，使员工遵守工作时间，振刷精神，努力工作。对于职工教育，实行强迫。厘定各种奖惩规则，使其乐于就学，无从推诿。力行以来，成效渐著。"

袁良在北平重视城市建设，主持制订了1934年起实施的"三年市政建设计划"。1934年9月市政府又提出"北平游览区建设计划"，通过修筑道路、改善交通、疏浚整理河道沟渠、植树造林、修整古建筑等一系列举措，将北平辟为游览城市。在袁良任内，林为榕的几位闽侯亲戚得到重用。孙葆琦原留学东京帝国大学农科林学专业，袁良指派他拟订了《北平市行道树计划书》，对引进树种、种植、养护方法等均有周密方案。1934年11月，天然博物院由中央划归北平市管辖，恢复原名为农事试验场，袁良自兼场长，派孙葆琦任副场长。孙葆瑢也继整理上海保卫团后再度充当袁良的班底，1934年1月，北平市政府新设自治事务监理处，加强对基层的管理，孙葆瑢任处长。1935年初，李乔苹从天津去职回平，经林为榕引荐给袁良，被任命为北平市度量衡检定所所长。陈骙声胞兄陈声聪（兼与）在袁良任上海公安局长时即担任秘书，后又随袁良到北平任市政府秘书，并参与编撰作为北平旅游指南的《旧都文物略》。

陈声聪晚年回忆，袁良计划吸引游客来北平，除挽救经济萧条外，另一考虑是宣传北平作为中国传统文化中心的形象，提高国际影响力，以杜绝日本人染指的野心。然而《旧都文物略》尚未编竣，华北局势恶化，投靠日本的冀东"非武装区"保安队长刘佐周在滦县被刺杀。日方以此为由提出撤销军事委员会北平分会、将北平市长免职等要求。1935年11月初，袁良被迫辞职，回到上海。日军加紧推动华北自治，11月25日，扶植河北省滦榆兼蓟密区行政专员殷汝耕通电宣布脱离中央，成立"冀东防共自治委

陈声聪

员会"。殷汝耕与袁良皆为黄郛旧属，被视为"日本通"、亲日派，国民政府成立初期都曾出任驻日特派员。殷汝耕之侄殷体扬原为北平市政府职员，1933年发起中国市政问题研究会，后创办《市政评论》，对北平的建设事业多有建言。1934年，袁良将次女袁岫嫁与殷体扬。殷汝耕叛变后，殷体扬随即潜往上海向袁良报告，公开与其叔决裂。1935年12月，《旧都文物略》终于出版，图文并茂，成为记载北平名胜古迹、民间工艺风俗的珍贵史料，也是袁良留给北平的最后一笔遗产。

早年袁良创办溥益糖厂，怀有振兴民族工业和国货的志向，北平市长任内开设市立工厂，举办北平市物产展览会，也贯彻了他一直以来的理念。1933、1934年国府逐步提高进口税，糖价高涨，对国产糖有利。1934年，袁良筹划复办溥益糖厂，委托孙连仲幕僚刘经泮（芹堂）负责筹备，与地方政府接洽，招募新股本。1935年糖厂正式开工，聘刘芹堂为厂长，后由协理钱赏延任厂长，林为榕为总工程师兼副厂长，主持厂务，陆宝愈为技师长。1937年初，袁良在署名文章《山东溥益糖厂之过去现在与未来》中特别赞扬了林为榕的专业素养和办事能力，并派林为榕与溥益技师赴日本考察糖业。正当业务欣欣向荣，主事者踌躇满志，谋求长远发展之际，七七事变爆发，溥益从此一蹶不振。抗战期间，袁良蛰居沪上，继续投资实业，未加入傀儡政权。他曾秘密前往武汉面见蒋介石，受命在上海组织情报工作。1942年又辗转赴重庆，充当汪政权与重庆政府的联络人，谈判无果而终。战后，他于1947年出任纺织事业调节委员会（后改组为全国花纱布管理委员会）主任。殷体扬晚年在自传中披露，1948年春，袁良曾受民革主席李济深委托，参与策反美国驻华大使司徒雷登。1948年6月，袁良辞去纱管会主任，离开政坛，1953年去世。

抗战胜利，林为榕和李乔苹都到沈阳工作。李乔苹先后在东北大学和沈阳医学院任教，林为榕回到铁路机厂的老本行。建于1925年的京奉（北宁）铁路皇姑屯修车厂，日本占据东北时被"满铁"控制，改名奉天铁道工厂，日本投降后由苏军接管。1946年3月苏军撤出沈阳，由国府交通部东北特派员办事处接收，改名皇姑屯总机厂，李维国任厂长。1947年，林为榕继任厂长，当年12月厂名改为皇姑屯机厂。1946年6月，交通部东北特派员陈延炯接受《大公报》记者采访时披露，东北铁路原有客车3000馀辆，如今只剩110辆可用。75%的机车和93%的货车均被苏军劫走。皇姑屯是东北仅存的铁路修车厂，苏军拆走72部机器，致使修车进度仅有此前的三分之一，且材料与工具奇缺，也缺乏生产所需的能源。林为榕接事时，厂中业务几近瘫痪，时移世易，在张家口的治厂经验已无法奏效。

国共在东北几度激战后，沈阳是国军手中最后一个大城市，周边已被解放军占领，运输线被切断，物价飞涨，工人生活无着。1948年3月，因停发工资、停止配售粮食，皇姑屯机厂内出现了抨击厂领导贪污腐败的漫画，引发全厂罢工，办公楼被愤怒的工人包围。林为榕被迫与工人代表谈判，答应全部要求。1948年10月30日，卫立煌、赵家骧、王铁汉等东北军政要员仓皇登上最后一班飞机离开沈阳。11月2日，沈阳市军管会接管皇姑屯机厂。1958年，原机厂工人在口述厂史《黎明前的风暴》里，记叙了林为榕到厂后与工人的几次冲突，以及老共产党员孙玉魁暗中引导怠工罢工的事迹。林为榕作为与国民党特务勾结、压榨工人的反动形象被盖棺论定。李乔苹于1948年返回北平，后赴台湾工作。1957年，他辗转得知林为榕已在大陆病逝的消息，"回忆沈阳一别，竟成永诀"。

姚雪垠的作家气质和学人品质

俞汝捷

从1977年秋赴京当助手，到1999年春前往八宝山送别，我与姚雪垠先生相识相知逾二十年，相关往事可以写一本书，而留给我印象甚深的，似乎还是他的作家气质和学人品质。

一、口述录音与情感表现

我最初的工作很单纯，就是将姚老正在口述录音的《李自成》第三卷整理成小说文稿。但不久，随着该书第一、二卷在全国热销，我又多了一项工作：拆阅、回复、处置大量读者来信。一天，姚老忽然递给我一把小剪刀，说："我习惯用剪刀剪开信封，不喜欢用手乱撕，希望你也能这样。"我对拆信本无固定习惯，使用剪刀后，又略作清理，桌上堆积的来信顿时显得整齐。此后四十馀年，我几度搬家，这把小剪刀始终放在书桌抽屉里，成为一件常用不衰的纪念品。

剪信封小事，反映出姚老的生活习惯，且与他的创作也有关联。我见过很多文人学者的书房，有的布置得井井有条，有的堆放得杂乱无章，似乎后者居多，而姚老属于前者。如同他喜欢将信封口剪得很整齐，他的书桌也总是抹拭得很干净，笔墨纸砚摆放有序。他写文章，会仔细地先打腹稿，然后才落笔成文，成文后会继续推敲修改，但不会乱涂一气。随便挑一张他的手稿，都会从整洁的页面看出作者个性。

小说采用口述，引起了人们的好奇。不止一位老作家向我询问过录音详情，当听说姚老并不是信口讲个故事，而是用文学语言口述时，他们都略显惊讶。后来我把交谈内容复述给姚老，并问这是否与他打腹稿的习惯相关，他说："当然，不打腹稿怎么能口述？"有次，姚老与我历数中外文学史上口述作品的先例，谈到长诗《失乐园》是在弥尔顿眼盲后口述而成，司汤达的长篇名著《巴马修道院》也是在几十天内口述而成。他说："我想他们一定也是有腹稿的。"我又谈到，听说还珠楼主当年曾同时口述八部剑侠小说进行连载，姚老哈哈笑起来，说"我可没有这个本事"，又说"他和我们不是一个路子"。

整理录音，使我成为名副其实的第一读者。口述前，

上世纪八十年代初作者与姚雪垠合影于北京姚寓

姚老会先拟一个简略的提纲，并与我细谈相关的人物、情节、细节；整理毕，他又必定会问我的感觉、我的评价。而我在听取录音时，一面记录，一面还能从声音语调感受到口述者的心潮起伏、情感波动，意识到作者已经深入角色、身临其境。我把这种独一无二的体验告诉姚老，姚老大感兴趣。很多年后，他还在一篇文章中回忆自己夜半口述时"孤灯独对，万籁俱寂，唯有各个小说人物活跃在我心中"的情境，并转述我的独特体验——

　　"文化大革命"结束以后，我采取口述录音办法进行创作。录音几章后，交给我助手俞汝捷同志整理成

文字稿。汝捷经常在听录音时不由地暂时停笔，在心中说道："姚老又哭了！又哭了！"（《为纪念茅盾先生诞生一百周年而作》）

姚老易激动，爱哭，不仅在深夜独自录音时如此，即在平时亦然。我陪他见客，曾多次听他向来客复述小说构思。他起初总是面带笑容，娓娓而谈。谈到伤心处，他开始竭力控制自己，不要失态；终于还是控制不住，眼圈先红了，接着声音呜咽起来。在座的若是生客，见此情景，常常会坐立不安。碰到感情丰富的，便会陪他一起潸然泪下。

还有一件让我一直记得的往事，1984年新文学学会在西安召开年会，其间招待大家观看反映张自忠事迹的台湾电影《英烈千秋》，在返程的大客车上，年逾古稀的姚老，谈及张自忠必须以一死来向国人证明自己的清白时，竟当着一车人痛哭失声。

由于自身如此易受感动，当小说人物遭逢某种触发情感的场景时，他把自己固有的体验移注到人物身上，也就再自然不过。但是，任何描写都应当适度，且不宜重复。大概是在整理第五卷某个单元的录音时，我对姚老说，有两种细节要尽量减少，能避免更好。其一，您本人易激动，爱哭；结果小说中的人物也都爱哭，一碰就流泪，哽咽。其二，小说中写两个人谈话，总要让边上的人（或太监宫女，或亲兵亲将，或丫环仆役等等）回避，这就等于告诉别人所谈的话十分机密；而真正善于保密的人，应当外松内紧，在别人毫不觉察的情况下进行密谈。这类细节的一再出现，也与您本人的不善于保密相关。姚老当时听了忍俊不禁。对于第一条意见，他说，小说中的武人一般不哭，李自成、张献忠、刘宗敏都不哭。慧梅出嫁时，张鼐悲愤，也不哭。但女性哭的情况较多，崇祯也爱哭。以后描写时要注意，把握分寸，避免重复。对于第二条意见，他说要看具体情境。可能是后一条意见给他的印象较深，多年后我去北京看他，他还记得此事，并指着他的孙女小桦笑道，"她嘴很严，会保密，我说她是保密局出来的。"

姚老不善于保密，不屑于伪饰，是其性格使然。这种性格难免得罪人，却为我所理解。我与他相处，从不担心他会当面一套，背后又一套。我们之间对不少问题存在歧见，他对我也有不满的地方。他决不会把分歧说成一致，把不满说成满意。有时当面不好意思表露，他会写信把他的批评说出来。如果别人在他面前或在给他的信中对我有所批评甚至诋毁，我很快会知道，因为他没有替人保密的习惯。同样，如果我在他面前对熟人有所议论，对方也迟早会知道。有时，姚老会故作神秘，仿佛所谈真属机密，不可外泄，但这正像我对他小说所提意见一样，本身就是不善于保密的表现。我曾对一些友人说，姚老也有狡猾的时候，但那是李逵式的狡猾，一眼就可看穿的。

姚雪垠写给作者的部分书信信封

二、卡片与创作

电脑流行之前，学者为治学而抄录卡片，是很普通的事。但一个作家，为写小说而抄录卡片，为存放卡片而购置卡片柜，姚雪垠之外，未闻有第二人。记得初次见面，姚老曾问我，做不做卡片？我告诉他，我考进复旦不久，便知道卡片的用途，所以从大一开始，就学着抄录，毕业分配到武汉后，继续抄抄写写，只是为了装订方便，用活页纸取代了卡片。"抄些什么呢？"姚老很感兴趣地问。我说，大学时期的卡片大都与古籍相关；到武汉后，正值"文革"书荒岁月，自己又谈不上"术业有专攻"，但凡借到一些书，觉得有趣或有帮助的，包括郑振铎《文学大纲》之类，都会摘抄，还曾自制图表，列出希腊诸神谱系，后来装成一厚本，统名之曰《世界文学史笔记》。

"坚持抄下去，以后会有用的！"姚老用鼓励的口吻说，随即让我看他的卡片柜。记得是国漆颜色，有六个抽屉，当他逐一拉开，看到那排放整齐、用工整钢笔小字抄写的卡片，不由心中赞叹。以前我在复旦和别处见过一些师友的治学卡片，放在鞋盒之类的盒子里，比我高明，可与姚老一比，就差得远了。

姚老告诉我，马上要再买一个卡片柜。于是我知道，他一面创作，一面还在不断积累资料，做成新卡片。果然不久，在他的临时寓所里就新增了一个橙黄色的四屉卡片柜。1979年他迁入木樨地新居，在定制书柜时又添制一个大型卡片柜，那橙黄色的四屉柜就送给我了。

我通常周六去姚宅，闲聊之馀，有时会去翻翻他的藏书，但从来不动他的卡片。而他对所录卡片的位置非常熟悉，交谈之际，为说明某个问题，常会起身去抽出几张给我看。譬如第三卷《袁时中叛变》中，袁在攻破睢州后先

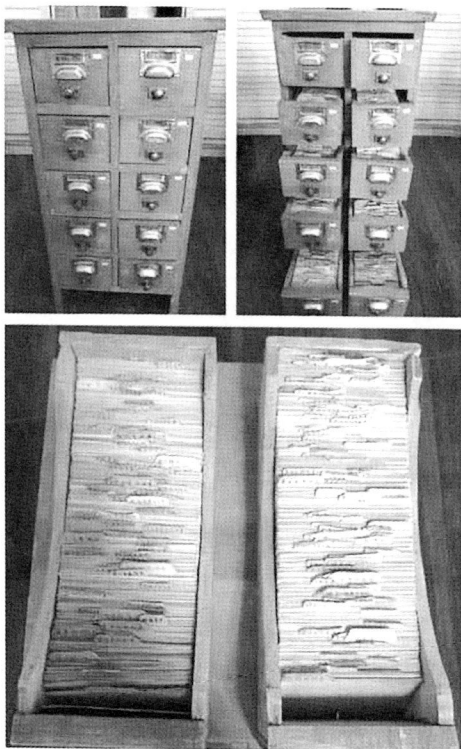

姚雪垠的卡片柜

是对老官僚唐铉感恩图报，接着又礼遇一个假扮书贾的田姓财主，处斩了揭发财主的仆人，因而引发慧梅的极度不满。我整理录音时，对袁的后段表现有点疑惑，便问姚老是否为了强调袁时中"缺乏阶级感情"而凭空虚构出这一情节。"不，不，这是书上有记载的。"他一面说一面走进书房，很快就拿了几张卡片出来。我一看，方知小说中田氏主仆的原型出自郑廉《豫变纪略》。

姚老抄录卡片，有一种穷根究底的精神，特别对以前因条件限制未曾读过的文献，总要设法弄来过目，即使在小说中已经写过，他也要继续查阅，继续研考。譬如杨嗣昌这个人物，从第一卷《北京在戒严中》出场，经过第二卷的出京督师，到第三卷《燕山楚水》中服毒自尽，已经完成形象塑造。但杨嗣昌的个人文集从未印行，姚老创作时也无从获睹。后来，他听说中科院图书馆有一套手抄本的《杨文弱先生集》，立即托人商借，对方答应后，我去替他取了回来。他不仅认真阅读，做成卡片，还加上批注，指出抄本的错漏。事后他同我说："从集子看，我对杨嗣昌的描写，对他临死前的心理刻画，都是准确的。"

又如第五卷《太子案始末》，在姚老最初的口述录音中，崇祯太子是关在太医院被毒药毒死的。有次，他让我去首图借戴名世《南山集》。我知道清初由《南山集》引发的文字狱株连甚广，却不知他要从书中查阅什么，一问，才知他想弄清太子究竟是怎么死的。他说，这书上说是勒死的，《续绥寇纪略》的作者叶梦珠在他另一本书《阅世编》中也是勒死的，看来要把毒死的情节改写一下了。姚老逝世后我在编他的卡片选集时看到了当年摘自《南山集》和《阅世编》的卡片。

例子很多。正是在这些地方，他的执著、严谨，他下的笨功夫，给我以很大的教益。

　　我虽然不翻动他的卡片，却知道拉开第一个抽屉后，他的第一张卡片录自《尔雅·释天》，写的是天干地支的释词，如"在甲曰阏逢，在乙曰旃蒙"、"在寅曰摄提格，在卯曰单阏"等等。以前老辈文人包括一些书画家，为追求古雅，常爱用《尔雅》释词来纪年，形成习惯后，甚至"文革"中都难以改变。譬如我一直珍藏着瞿蜕园先生1967年写给我的诗，诗后既不写公元1967，也不写农历丁未，而是写的"彊圉协洽"。所以我看到姚老这张卡片后，立刻猜想到他的用意，曾问他是否想把这种纪年习惯通过小说中某个文人表现出来，他听了笑着点头，说的确准备在第四卷中让新降的文士，或邓太妙，在诗稿中使用《尔雅》纪年，来渲染一下大顺朝的文化氛围，但要用得自然，不能生硬。他又感慨说，现在懂得这一套的人不多了。

　　我在整理完《李自成》第五卷录音后，于1985年春调湖北省社科院工作，但仍与姚老有较密切的联系。姚老晚年，因患退行性脑软化症，未能写出计划中的第四卷。若干年后我通过《李自成（精补本）》，用简洁的笔法将缺失的情节补写出来。我想起了抽屉内的第一张卡片，明白姚老所以要将《尔雅》纪年用在第四卷中，是因为该卷故事主要发生在崇祯十六年。那时一路挺进的李自成已不愿使用崇祯年号，而他自己尚未称帝，没有新年号，这样，就决定用癸未年来取代崇祯十六年。既然采用干支纪年，文人很自然地会想起《尔雅》释词而在笔下表现出来。于是，

作者对姚雪垠原著加以精补而成的《李自成〔精补本〕》

我在精补本《襄水奔流》单元中，让李岩于崇祯十六年元宵独自在庭院徘徊，忽萌诗兴，随即回房作七律一首，落款时写下"昭阳协洽元夕李岩未是草"一行字。用"昭阳协洽"代指癸未年，算是完成了姚老生前设想的一个细节。

三、闲聊种种

我每周六下午去姚家，除谈工作外，便是闲聊，常常晚餐菜肴已上桌，我们还在客厅聊得起劲。姚老会得意地对家人说，"我同小俞一谈艺术，就什么都忘了"。

其实，交谈的内容很杂，从历史到现实，文坛到政坛，海阔天空，百无禁忌，并不仅限于艺术。

姚老是成名于抗战时期的作家，闲谈中自然会涉及抗战或更早时期的人物和轶事。

譬如，在他家客厅墙上，除茅盾、叶圣陶题赠他的诗词和老舍夫人胡絜青的花鸟画外，还有一个不大的镜框，里面是一页陶行知的信，说的是想推介姚老去给冯玉祥授课。我以前听说过吴组缃给冯授课并结下友情的轶闻，而从姚老处听到的对于冯的回忆，则无论政治上，还是待人接物方面，评价都相当负面。遗憾的是我未做笔录，现在也不宜将记忆中不够准确的原话随便复述出来。

我比较善于记住的是闲谈中涉及的诗文对联。有次，姚老同我聊起三十年代易君左因写《闲话扬州》而引发的公众事件，说后来曾有人把易君左与不管事的国民政府主席林森（字子超）凑成一副对联，句为：

> 易君左闲话扬州，引起扬州闲话，易君左矣；
> 林子超主席国府，连任国府主席，林子超然。

"这对联巧得很。"他说。而我听一遍就记住了。他又说，抗战时期，金陵大学和金陵女子文理学院都迁到四川，有人就此出了一句上联"金男大，金女大，男大当婚，女大当嫁，齐大非偶"，但始终无人能对出下联，"可能是'齐大非偶'用了《左传》的典，所以难对吧"。

还有一次，不是在他家中，而是在西安参观钟楼的路

271

上，姚老边走边向我背一篇滑稽八股文：

> 天下莫大于为善。为善莫大于修二郎神庙。夫二郎者老郎之子、大郎之弟而三郎之次兄也。左鼓楼悬兮，右钟楼悬兮，鼓声咚也，钟声嗡也。咚也嗡也，莫非二郎之神也……

我也是听一遍就记住了。

姚老写有回忆录《学习追求五十年》，而有些琐事在回忆录中并未涉及。譬如他曾向我描述当年与臧克家同居一室的情景，说后者有了得意之作，会把他从睡梦中叫醒，一定要念给他听，并说即使李白、杜甫再世，也不能写得更好了。他还曾摹仿臧克家的表情手势和山东口音，高声朗诵："歌乐山啊歌乐山，我离开了你，我又想念着你……"很有趣。可惜我读过的臧诗太少，至今不知这句诗的出处，只是在姚老《寄克家》七律中读过"谈诗歌乐步烟萝"之句，明白歌乐山是他们共同的记忆。

闲聊中经常会谈及姚老的各种作品。1986年，姚老住在九宫山凤池山庄修改旧作《春暖花开的时候》。我去看他，他说几年前在棒槌岛度假时就曾将此长篇重翻一遍，弥漫于小说中的生活气息使他仿佛又回到了抗战岁月。既然该书曾被诬蔑为"色情文学"，在内地绝版四十多年，在香港和新加坡又因盗版而不胫而走，那么重新修订出版应

姚雪垠七律《寄克家》
手迹

该是有意义的。我问他作了哪些修改，他说计划中的《春暖》是个三部曲，已问世的只是第一部，现在已不可能完成后二部，所以要对第一部作些加工，使它看上去像个相对完整的作品。此外，当年书在国统区出版，提到共产党领导的救亡运动，只能用很隐晦的笔墨，现在修订，可以放开写了。而且，姚老对党内"左"的表现和简单粗暴的领导作风是有过亲身体会的，他在修订本中将这些经历也作了艺术再现。他说：

别人看不懂，你一看就会知道，我把王阑西，把秦博古，都写进去了！

抗战初期，姚老与王阑西曾一起主编《风雨》周刊，负责发行的是吴强。而为工作分配事，长江局领导博古亲自与姚老谈过话。这些事以前就曾不止一次听他谈过，1983年12月的一天，我从姚宅回来，还曾顺手在笔记本上记下姚老当天的一段谈话——

我有一份《自传》，交给党了。未留底稿，曾想把它复印出来。后来一想，反正我生前也无法发表，还是等我死后，由别人去公布档案吧。中间谈到我与王阑西的矛盾，还谈到我和秦博古拍桌子吵的事。我是以检查口吻谈的，实际上他们当时很"左"。王阑西直到现在还想利用我。清除精神污染开始后，他来找我，说他有周扬、陈荒煤的材料，可以提供给我，要我去发言。我怎么会干这种事？他今天还这么厉害，可见他当年是什么样子了。

在凤池山庄，我无暇翻阅《春暖》修订稿，直到十多年后因主编《姚雪垠书系》，才完整地看了一遍。小说中有个次要人物陶春冰，是姚老以自身为原型塑造的，而创办与离开《风雨》周刊那段经历则通过陶春冰与吴寄萍的一次谈话表现出来。

我们聊得最多的当然还是《李自成》。

上世纪八十年代初，国内出现一股美学热，于是美学也成为我们之间的一个话题。姚老读过一些美学著作，他认为作家也有美学追求，这种追求通过作品体现出来，应当成为美学研究的一个课题。他告诉我，早在创作《李自成》第二卷时，就经常思考大部头小说的结构方式、情节张弛等问题，他统称之为"长篇小说的美学问题"，并在1975年与茅盾通信时有所提及。茅盾回信问他是否准备写成论文，他答复决无写论文之意，只是想在创作实践中作些探索。说到这里，他笑道，那时正是"三突出"理论盛

1986年作者与姚雪垠合影于九宫山闯王陵，后立者为《巾帼悲歌》编剧罗欣

行之日，他曾因为对"三突出"有所质疑而受过批判，如果再把"长篇小说的美学问题"写成论文，不是自己送上门去给人当靶子吗？

姚老爱谈的"美学问题"之一，是场景转换带来的氛围转变，他称之为"笔墨变化，丰富多彩"，又曾吟诗作譬："方看惊涛奔急峡，忽随流水绕芳坡。"他的这一追求也为茅盾和朱光潜所认可。茅盾读《李自成》第二卷原稿时，曾称赞《商洛壮歌》单元："时而金戈铁马，雷震霆击，时而凤管鹍弦，光风霁月；紧张杀伐之际，又常插入抒情短曲，虽着墨甚少而摇曳多姿。"朱光潜《谈美书简》也写道："我读姚雪垠同志的《李自成》，特别欣赏他在戎马仓皇的紧张局面之中穿插些明末宫廷生活之类安逸闲散的配搭，既见出反衬，也见出起伏的节奏，否则便会平板单调。"此外，我还见过朱先生寄赠姚老的《歌德谈话录》，扉页写有几句话，大意是，《谈话录》中的某些言论可与《李自成》互为参照。

我也曾在一首七律的首联肯定这种节奏变化："忽而鼍鼓忽笙簧，不是寻常翰墨场。"我还就《李自成》的审美形态、情节进程、悲剧表现等向姚老谈过一些看法，并陆续在报刊发表了《走向壮美》、《失败——胜利——失败》、《悲剧中的悲剧》等论文。姚老看了，认为不错，建议我继续写下去，达到一定篇幅后，可以出一本书，书名可暂定为《一个小说家的美学追求》。之后，姚老曾多次问起书的进

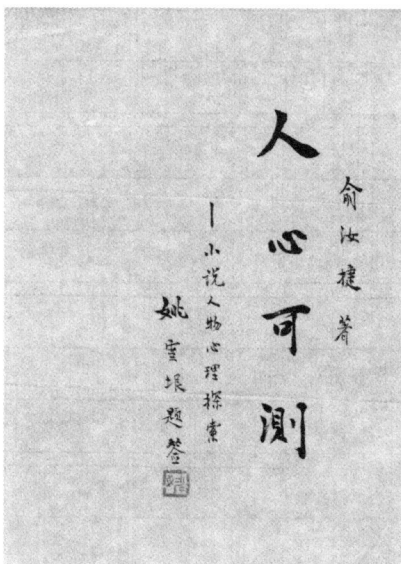

姚雪垠为作者所著《人心可测——小说人物心理探索》一书题签手迹

度。惭愧的是，后来我虽又写过一些相同范畴的文章，在某些拙著如《小说24美》、《人心可测——小说人物心理探索》中也常以《李自成》为例证，但《一个小说家的美学追求》始终未能完成。这是我有负于姚老的一件事。

小说语言，也是姚老喜欢谈论的话题。他说，清新朴素自然生动是他在叙述语言方面的追求。他喜欢书写李白的两句诗："清水出芙蓉，天然去雕饰。"觉得这正是他追求的美学形态。而关于人物语言，他认为什么人就应该用什么语言，曾对我说："郑康成的丫头被罚跪在院中，另一个丫头见了，就问：'胡为乎泥中？'跪着的回答：'薄言往

愬，逢彼之怒。'一问一答，都是《诗经》中的句子。作为
大经学家的丫头，平时耳濡目染惯了，这样说话是完全合
乎情理的。所以，在《李自成》中，我也不能让周后、田
妃像马三婆那样说话，或者让李自成像张献忠、郝摇旗那
样说话……"

一次，他告诉我，为了参加香港书展，他正在重读第
二卷。"我对第二卷的语言还是很满意的。像陈子山初见宋
献策时说的'晏平仲一流人物'，多见个性！而宋献策也并
不生气。"说着，他不无遗憾地补上一句："可惜这种好处不
是大家都能欣赏。"陈子山是第二卷中虚构的人物，姚老写
他与身材矮小的宋献策初次见面，脱口一句恭维中带调侃
的话，便让一个疏放不羁的士人形象活现在读者面前。但
也正如姚老所说，读者有不同层次，如果你对晏子其人一
无所知，也就无从领略对话表现的个性特征。

我忽然由陈子山联想到第三卷所写的开封围城生活，
便接着他的话头说："《洪水滔滔》中，应该让陈子山再出
现一下的。"

姚老眼睛一亮："以后统改时可以再补进去！"

姚老对创作有一种力求完美的精神。早在荣获首届茅
盾文学奖时，他就表示，获奖的第二卷并非定稿，待全书
出齐后，还要从头修改。这不是故作谦虚，而是他的真实
想法。他曾嘱咐我，处置读者来信，凡属称赏赞扬或期待
新作问世之类的，只须代他表达谢意即可；如有人就小说

艺术发表见解，或对作品语言、细节指出瑕疵、提出批评，则一定要交他过目。他读这类来信很认真，往往会顺手作出标记，还曾将部分信件装进一个大纸袋，用毛笔写上"语言上值得参考的意见"，交我妥为保存。他说，将来对全书统改时，对于来自各方的批评建议都不妨斟酌取舍。

可惜直到逝世，他都未能写出原计划的第四卷（现在的五卷本，是将已完成的第五卷一分为二，前半部分就称为第四卷），也就未能对全书统改一遍，上述让开封士人陈子山再次登场的情节也就永付阙如了。

想起高晓声

蔡玉洗

一、"把你想成老辈文化人了"

人世沧桑，转眼间高晓声去世已经二十三年了。

我第一次知道高晓声的名字是1978年初。当时出版社领导提出出一套江苏建国三十周年作家纪念文集，分短篇小说、散文、诗歌和小戏四部分。任务交到文学编辑室，领导要我负责短篇小说卷的选编工作。我那时刚到出版社，工作一年，还是个新手，不知如何着手。有一天我去章品镇家送报纸和信件，他因生病有好几年不上班，我来出版社没有办公桌，室主任就叫我暂用他的桌子。于是我便成了他的义务收发员。有人给他寄信和报纸杂志我就送到他家，他有要寄出的书稿和信件也由我帮他带回寄出。

有一天下午快下班了，那时我还单身，住集体宿舍，在省级机关傅厚岗食堂吃饭，去食堂正好路过章品镇家住的青云巷，就把他的信件带上，吃完饭顺便送到他家。他在无锡太湖疗养院养病，不经常回来，那天正好在家。他先把我带给他的信件拆开，边看边问我最近在干吗。我就告诉他，正在编选江苏短篇小说三十年集子，他一听就放下正在看的信件，睁大眼睛看定我："就你一个人弄？"我说："是的。"他说："这是文联作协组织班子才能干的事，这么大的工作量，你能担得起吗？"我告诉他："我正不知如何办呢！"他告诉我，建国三十年，据他所知，江苏还没出过作家综合性的作品集，要编得大海捞针，要知道从哪里入手，时间又那么紧。

那天他和我都吃过了晚饭，坐在他的卧室兼书房里不紧不慢地聊了很多。他阅历深，见识广，对江苏的文学界了如指掌，对作家作品如数家珍。我以前也听他谈过一些，但没有谈得这么多这么透的。他拿过茶几上的一张纸一边想一边写，给我开了一个名单，说："名单不全，有些人和作品也记不清楚了，但主要的人和作品应该不会错。文联、作协和新华报社都有资料室，建国后出的杂志、报纸副刊都在，只要你屁股坐得住，花几个月，把这些资料从头翻一遍，也基本上能挖出不少好东西来。"他递给我那张写了名单的纸条，上面有艾煊、夏阳、海笑、陆文夫、顾尔镡、王啸平、胡石言、高晓声、方之、滕凤章等，这是我第一次知道高晓声的名字。

1978年初，虽然粉碎"四人帮"已经一年多了，政治气氛也有所好转，但十一届三中全会还没有召开，思想解放的大旗还没有竖起来，"右派分子"问题还没完全解决，章品镇开的名单上已经把"探求者"的几员大将都列上去了，可见当时他的胆量和眼光。他没有给我讲"探究者"的具体情况，只告诉我，他们几个人1957年都被打成"右派"，当时他们年轻，不知道政治的复杂，后来都摘了"帽子"，说明他们认识了错误。他们都是很好的进步青年，对国民党不满，对新中国怀有很好的憧憬，又有才华，对文学创作有较深的理解，现在看来是冤枉他们了。如今极左路线被清除，形势不一样了，我们要关注他们。

我正是从章品镇的名单上认识了高晓声及"探求者"一批人。江苏三十年短篇小说集中，能入选两篇的作者，基本上都是"探求者"的几员大将。

章品镇是个热心的长者，他做事实在，想问题细心。他怕我不认识文联作协报社图书室、资料室的负责人，就为我一个个写了介绍信，要我带着他的信去找她们，叫她们给予我方便，使得我很顺利地完成了江苏三十年短篇小说集的编选工作。

在编选的过程中，我读了高晓声的几篇作品，有小说《收田财》、《解约》和《不幸》，也有诗歌集《王善人》。我觉得几篇作品中，《解约》写得最好。这篇小说发在《文艺月报》1954年第2期上，当时正在宣传新中国第一部《婚姻法》，很显然高晓声的《解约》是为它服务的。但这篇小说故事生动，语言平实，主要人物张翠兰和陈宝祥的心理、性格刻画得准确逼真，完全不像出自一个二十几岁青年的手笔，也没有宣传应景政治术语的痕迹。我把这篇小说与当时陆文夫、方之和军队作家胡石言的同时期作品比较，高晓声的文学素养、语言工夫明显要高于他们，虽然他们几个在当时的省内外也才华横溢，作品出众。

1979年2月8日下午五点左右，我又送信件到章品镇家，他拿出一卷书稿，对我说："高晓声前几天到我家来了，他带来了这一叠稿子，我看了，共七个短篇小说，我觉得写得不错，虽然调子灰暗些，但很真实。你拿去看看，看《钟山》能不能发一两篇。"

当时《钟山》杂志刚刚改刊，我负责短篇小说和外国文学的组稿和编辑。《钟山》改刊前是文学室一种类似杂志的丛书，没刊号，以书号代刊号，不定期，大三十二开，出了两三期，看到《收获》复刊，《十月》创刊，当时领导就提出把它改版，名字不变，申请了正式刊号，变成十六开，由不定期变成了季刊，一年后影响越来越大，才出双月刊。1985年才由江苏人民出版社文学编辑室划归江苏作家协会，其中曲折过程是是非非也非三言两语说得清楚。

我把高晓声的七个短篇小说稿拿回编辑部，一个晚上看完了，其中就有《漏斗户主》和《李顺大造屋》等篇。我那时年轻，精力旺盛，业馀时间也在写小说，《上海文学》、《雨花》、《青春》等刊物都发过我的作品，我对全国的作家、作品有比较深的理解和跟踪，对全国文学创作的状况和作品水准有较客观的评价尺度。说实话，我看了高晓声的七篇作品，还是被他的故事和人物的真实性震撼了，他对1949年后江南农村和农民生活的把握、对他们心理的观察、对他们喜怒哀乐的感同身受，都使我激动不已。我马上写了一个编辑处理意见，向领导建议在《钟山》上用"高晓声短篇小说专辑"的形式配编辑部按语推荐发表，并把此建议给章品镇汇报了。章品镇听了我的建议，笑着对我说："能发一二篇已经很好了，你对历史和现状太不了解了。他们想发也不敢发。"他没有讲"他们"指谁，我也不便问他。

果然是生姜老的辣，被章品镇说对了。领导看了高晓声的稿子后决定：发一篇《漏斗户主》，另一篇《一支唱不完的歌》留用，其馀五篇暂不用，可缓退，看看读者反映后再说，专辑和编者按不搞。我不得不佩服章品镇的知人论世和料事如神能力。

章品镇把高晓声的通信地址给我，告诉我直接和高晓声联系，把稿件处理结果告诉他。

我用毛笔给高晓声写了一封信，除了告诉他《漏斗户主》等两篇稿件近期可以发表外，也顺便告诉他，江苏三十年短篇小说集拟采用他的《解约》。高晓声收到信当天就给我写了回信，感谢我对他作品的肯定和评价，令我奇怪的是，他在信开头称呼我玉洗老先生。先生就行了，为什么带个"老"字呢？后来我们见面了，他哈哈笑起来，对我说："我看你用毛笔复信，字又写得有模有样的，就把你想成老辈文化人了。"

大约相隔不到十天，顾尔镡给我打电话，叫我去他家一趟，因为顾尔镡是《钟山》编委，开编委会由我负责联系接待，我编三十年小说集也找过他，他也帮我出过主意。他家新居就在我们出版社对面的高云岭，相隔仅一条小路，我经常去他家。

顾尔镡是我很敬重的一位文学界老领导，他对文艺形势的分析、对文学艺术创作规律的很多见解，对我启迪很大。他告诉我，文联作协决定他和叶至诚马上去《雨花》杂志当主编、副主编，目前已有一些稿件，但打头的，重要的稿件没有，问我手头有没有这样的稿子，能打得响的。我马上告诉他高晓声的稿子情况，不知道合不合适《雨花》用。他一听就来劲了，说高晓声是他老熟人、老朋友。他拿起电话就给章品镇打过去，章品镇和他都是南通老乡，都在文联作协长期合作共事。他告诉顾尔镡，高晓声的稿子好是好，但你刚去《雨花》当主编，用高晓声的作品是否合适，要他慎重考虑。顾尔镡对我说，你马上回编辑部把高晓声的几篇稿子都拿过来，我和老叶看了再说。

顾尔镡和叶至诚都是懂文学创作的作家和文学界的"老码头"，他们不但有水平，而且有胆量，敢担当。他看了高晓声的五篇小说，都说好。决定先发《李顺大造屋》，后几篇《雨花》接着发。《李顺大造屋》能在改版的《雨花》上发表，并一炮而红，他们功不可没。顾尔镡主政《雨花》仅仅一年，就因为一篇讲话丢了主编位子，想想真是令人唏嘘。不过情况毕竟不同于"四人帮"时期，老顾是有惊无险，沉默一阵子照样活得很愉快，继续他的戏剧创作。《雨花》仍有叶至诚这位文学界的"活菩萨"主政，发表了一大批像汪曾祺《异秉》等这样的好作品。

到了1980年初，形势大变，高晓声《李顺大造屋》获当年全国优秀短篇小说奖，1980年《人民文学》发表高晓声的《陈奂生进城》，再次获全国优秀短篇小说奖，可以说高晓声的名声达到高潮。他多年受到的闷气、冤气和憋屈一下全顺了，他真正地扬眉吐气，连走路的姿态也与以前大不同了，尽管他的身体做过手术，肩膀一边高一边低，心气到底不同了。1980年6月，具体日期我已记不清了，高晓声邀请作协创联部的成正和、《雨花》编辑部的姚忠瑞、《钟山》编辑部的我，到他在武进县郑陆公社董墅村的家里做客。

董墅村是个风景优美的水乡，那时农村还没有多少企业，自然环境也没有污染，高晓声很兴奋，带着我们几个围着董墅村的沟沟坎坎、小河、稻田转了一圈，讲了很多村里过去发生的故事。后来高晓声写了不少有关家乡的散文，我觉得是他写得最好最美最灵动的文字，很多评论家至今忽略了他的这部分文字。后来也有人喜欢他散文中的

1980年6月在武进高晓声家中。前排左起：成正和、高晓声、蔡玉洗（右一不详）；后排右一：姚忠瑞（其他人不详）

家乡，向高晓声提出要去他家乡参观游览，因为他写得太美了。他一律婉言谢绝，多年后他对我说，他很伤感，他所钟情的梦中田园已经随着工业化的洪流永远消逝了。他愤激地说："我能给他们看吗？能看吗？是我美化了，骗人吗？"

　　我们几个人在高晓声家吃了中饭，菜是他家园子里长的，鸡鸭是他家养的，鱼虾是他从河塘里捞的，酒是家酿的米酒。我第一次喝他家酿的米酒，甜丝丝的，口感很好，不知不觉中喝多了。高晓声向我们介绍了他的家人。这是我第一次见到他的妻子钱素贞。当时并不知道钱是他的第二任老婆。吃过饭后，我们在他家的屋前合影留念。

二、"什么时候《鱼钓》这类作品得奖"

我的董墅之行，可说是硕果累累。我们商议并确定了《79小说集》的篇目，同时高晓声把他的另一篇《飞磨》小说稿子也给了我，这篇小说发在《钟山》杂志上，与《漏斗户主》风格完全不同。高晓声跟我强调，《钱包》、《鱼钓》、《山中》这样一类作品是他用力较多的，带有他多年的思考，他想探讨一条与自己和绝大多数作家不同的从语言形式到内容表达带有实验性质的小说。他认为当时所谓的小说新潮和现代派探索是不对的，现代性并不仅仅是语言技巧和形式，而是一种世界观、美学理念的自然表达，他直言不讳，探索者的思想理念准备不够，作品必定是苍白的，短命的。他对《李顺大造屋》、《陈奂生上城》等作品得奖，当然高兴，但他知道它们为什么会得奖，他似笑非笑地对我说："什么时候《鱼钓》这类作品得奖，那中国的文学就回到文学的本身了。"这样看新时期文学的还不多。他是真的懂得什么是形势和大众要的东西，什么是自己要的，心里有本账，清爽得很。

编辑出版《79小说集》时，他踌躇满志，告诉我，今后每年要出一本小说集。人在顺利和高兴的状态下总会说些不现实的过头话。《79小说集》，我是责任编辑，至今为止，我仍然坚持它是高晓声最好的小说集，他的成名作和多年的生活积累都在这个集子里。它的代前言《摆渡者》

也是他对文学作品和作家功能最好的形象表达。七九小说集，取名时我觉得不妥，他坚持要用这个名字。我说，用这名会给自己心理上带来负担，为了今后轻松点，最好不取纪年的名字。高晓声有点不高兴，说我不看好他的能力和才气。既然这样，我只好顺从他。

每年出一本小说集，到1984年小说集出版时，他已感到力不从心，就像他的小说《鱼钓》中那个偷鱼郎被大鱼拖得筋疲力尽了。1985集他勉强写出来了，但不敢再叫85小说集了，就以其中一篇《觅》作为书名，结束了每年一本小说集的宏大叙事。那时出书也不像前几年那么热门，文学的季节似乎已进初冬，有一天叶兆言和我讲，高晓声这本集子希望能在江苏文艺社出版。兆言那时在文艺社当编辑，拉了不少作家的好稿子。高晓声还给改版后的《东方纪事》写了一篇散文《壶边天下》，于是高晓声以《79小说集》开始、小说集《觅》为终了，走完他以纪年为书名从高峰到低谷的创作循环。

高晓声在后来的创作谈中对自己结束每年出一本书的计划做出解释时，强调出书难，出版社不愿接受他的书稿，所以他不写了。这个解释有一定的道理，也符合某种程度的真实，但也有替自己打马虎眼顺坡下驴不好明言的无奈。

到了1985年，高晓声的生活中发生了不少事，大红大紫带来的后果一般人是体会不到的。一个人的精力毕竟有限，在这个问题上得分，可能在那个问题上失分。究竟是鱼大还是偷鱼郎技穷，有谁今天还去探究它呢？

高晓声出名后，很多评论家依据《李顺大造屋》、《漏斗户主》和《陈奂生上城》表现农村生活的真实，就说他是中国农民的代言人，农村生活不倦的歌者。还有的人说高晓声自己就是作家中的"陈奂生"，陈奂生身上的优缺点就是高晓声的优缺点。评论家们的说法当然有道理，高晓声出身在江南农村，除了到城里读大学，在城里文化单位工作了几年之外其他时间都是在农村生活，他对农民的了解熟悉程度确实别人难以相比。但就此就说他是农民，就说他是作家中的陈奂生，未免太过主观和绝对。他出身农家，了解农村，同情农民，替农民"叹苦经"，但他不是农民，也不单单是同情他们，更谈不上歌颂农民，他对农民有自己独到的看法。

他生活在农村，由于父亲及父亲朋友圈的原因，他从小就接受了很好的中国传统文化的熏陶，他父亲就喜欢文学，家里有很多书籍，高晓声小时候从童蒙读物《三字经》、《千字文》、《百家姓》、《千家诗》到《增广贤文》、《古文观止》，中学开始读大量的明清《古今传奇》、《三言二拍》、《聊斋志异》等话本传奇小说，《三国演义》、《水浒传》、《儒林外史》和《红楼梦》更是烂熟于心，很多章节都能复述出来。从农村到上海读大学，学习经济，接受欧风美雨的洗涤，解放后在无锡、南京这些城市的文化单位接受文学、新闻诸方面的专业训练。可以说，作为一个文化人的基本养成步骤他一步未脱，即使他倒霉回乡了，但他是回到了生他养他的故乡来，那些从小就和他一起戏水玩乐的同伴了解他，政治对于董墅村的农民来说并非那么紧要，他们知道高晓声是个才子，是个作家，是个文化人，是个与他们同中又有不同的人。我有时会傻想，假如高晓声当初不选择回家乡改造，像陈椿年那样到大西北劳改去，可能早就死在那里了，因为他本身就有病。有人以为高晓声在农村受了苦，二十几年脱离了文学和写作。我认为，他的苦主要是精神上的苦，物质上生活上比村里的父老乡亲要好得多，他有工资，还是城镇户口。高晓声在二十几年的农村生活中，真正劳动的时间没有几年，绝大部分时间是搞农业科技革新和教书，他的阅读和写作也从没有中断过。他在批判极左路线的时候，不自觉地夸大自己受苦难的程度，不但他如此，包括"文革"中打倒的干部、右派分子和下放知青，高晓声对这点是清楚的，中国最苦的是农民，他们不知道呐喊和抗争。所以，他跟农民是很不同的，跟一般有点文化的工农兵干部也有区别。他有自己的世界观、人生观和价值观，对实际生活中存在的人与事绝不会人云亦云，苟同于流行的俗众看法。他有时也说一些冠冕堂皇的面子上的官话或套话，那是他的"防弹衣"。他吃过说真话的苦头，知道假话要说、真话不全说的奥妙。我们从他的作品中特别是创作谈中随处可见他那些言不由衷的正确言词和意识形态保护色，他有一种莫名的恐惧心理。他清醒地站在李顺大和陈奂生们的旁边，看着他们怎样在生活中挣扎煎熬，有时他也为陈奂生们的苦难流下一掬辛酸泪。他和我谈过，苦难不会自然地教会李顺大、陈奂生们什么，他们是被苦难压到底的弹簧，再无弹起来的愿望和能力，有时他们不知道外面的世界多么精彩，外面的人怎样生活，他们只要上面的一个文件，一次会议精神传达，给他们有点生长的空间，他们就满足了，心里就舒坦了。

跟高晓声打过交道的人，都会在很短的时间里感受到他的聪慧、精明，有时还精于算计。他始终觉得自己不是一般人，他和李顺大、陈奂生们尽管生活在一起，有时看到他们的愚昧和傻气，不会算计，他会生出一种怜悯心来，这在他的作品中也能看出来。他戴帽回家劳教后，别人都认为他被打入最低层了。可他并不这样认为，他照样活得比别人滋润。你农民会做的农活他一样也不差，而且干得比他们好，你农民不会不懂的活路他也样样拿得起放得倒。打鱼摸虾，砌灶编筐，搞副业，搞农业科技实验沼气池，培养菌种化学肥料，他都一学就会。他不止一次地对我说，如果他不干文学，当干部，做生意，搞科研，也一样能干得风生水起，照样活得比别人好。我承认他绝顶聪明，精明能干，但像他这样有强大内心自信爆棚的人还是凤毛麟角。

三、"有人说我就是王安忆笔下的'叔叔'。我说他放
屁！"

　　见过高晓声的人，觉得他跟普通的农村人没什么两样，
人长得一般，谈不上帅气，更不是美男子。但他很有女人
缘，圈里圈外大家都有共识。他出了大名后，到了1983年
初，第一次听到他有离婚的传闻，我很不理解。觉得他怎
么能够这样想呢？钱素贞比他小十三岁，在他落难时嫁给
他，还给他生了儿子，现在刚刚生活安定了，名利双收了，
为什么要如此折腾呢？我不好直接问他此事，就和章品镇
聊起此事，他态度很明确，他说高晓声又像57年搞"探求
者"那样昏了头，他夫人沈阿姨更是怒不可遏，说他就是
忘恩负义的"陈世美"。章品镇告诉我，你也不必找他谈，
他现在昏了头，老朋友的话一律不听，你说了有什么用？
经他这么一说，我也打消了和他谈话的念头。
　　过后不久，顾尔镡和作协的黄佳星因为一套书的出版
事情要我去他家谈谈，顾尔镡谈起作协最近因为高晓声的
家事发生争执，大部分人觉得高晓声做得不对，也有不少
人认为他也没有做犯法乱纪的事情，也没有什么错误，离
婚是他家私事，别人不好干涉。顾尔镡是高晓声朋友中为
数不多的理解者。他很明确同情理解高晓声，说高晓声没
做错什么事情。理由是高晓声对钱素贞结婚时没有爱情，
结婚后他对她和她带来的三个女儿也是负责任的，和对自

己生的孩子一样对待，读书，安排工作，并把她们的户口全部农转非，进了城，有了稳定的工作和生活，他能做到的都做了，并表示离婚后，他们的生活他照样管。为什么一定要把他们死捆在一起，没有爱的生活一辈子呢？

章品镇和顾尔镡代表了两种不同的看法。我觉得他们的看法都有一定道理，这样我就更不好再和高晓声提此事了。

到了1991年8月份，南京很热。有一天高晓声突然给我打电话，说有事情和我商量，约我到香铺营他家去一趟。我到他家时，先谈写作和身体方面的情况，然后他问我和南大新闻传播系的负责人熟不熟，我说，他们的主任我熟悉。他说，他有个女朋友是云南一个高校的老师，她想到南大新闻传播学系来进修一年，要我和系主任沟通一下，看行不行？我当时也没有往深里想，就和新闻传播学系的主任丁柏铨说了此事，并办成了。

但不久就发生钱素贞带孩子们夜里突袭南京，所谓"捉奸"事件，闹得满城风雨。

我并不是一个思想保守的人，也不想用所谓的道德判断去看待高晓声的离婚诉求。我对他的人品还是有一个基本的认知。"捉奸"之后，高晓声已决意离婚，他和我说，朋友在平时都是你好我好哥俩好的，磨难中倒霉时不出来讲话还算什么朋友？57年没办法，政治高压身家命运的事情，互相揭发洗清自己，我都理解，现在就是离个婚，也没有身家性命的事情，何至于一个朋友也不出来帮忙说句话呢，犯得着争做道德审判官吗？他们个个过得开心满意，叫他娶个不识字的农村老婆试试看，他们肯吗？站着说话不腰疼！

他牢骚蛮大，对我穷发火，好像我不同意他离婚似的。

"你看过王安忆《叔叔的故事吗》？有人说我就是王安忆笔下的'叔叔'。我说他放屁！还有一个朋友对我说，钱素贞不是说了吗？只要你不离婚，你在外面干什么，她一概不管。你看看他们多么无聊，自己流氓，还拉别人入伙，做那些偷鸡摸狗的勾当！"

他是一个爱情的理想主义者，他要离就光明正大地离，要结就光明正大地结。不愿意像别人那样，家里红旗不倒，外面红旗飘飘。第一次婚姻是出于两人的真爱，爱是爱情的第一要素。他的第一部长篇小说《青天在上》，虽然写的是小说，他就亲口告诉我，作品中有他第一次爱情经历的故事。第一位夫人邹珠萍留给他终生难忘的美好印象，他到死都难以忘却，他在生活中不断寻找她的存在。邹珠萍和他结婚仅一年就去世了，他的爱情甜蜜期还没充分展开就消逝了。邹珠萍的爱情留给他的全都是甜蜜和美好，如果邹珠萍不死，和他一直生活到他的第二个春天来临，高晓声也许对女人对爱情对家庭的看法会更实在更世俗些，不会活在他构想的"伊甸园"里。

他成名后，有了追求爱情的物质和精神条件，邹珠萍的形象从隐没的心底浮动起来，那些围绕在他周围的对他崇拜的青春靓丽美少女，使他觉得自己并非没有重建梦中伊甸园的可能，他也可以在实际生活中让邹珠萍重新复活起来。他没有想到自己的年龄、身体和家庭，也没有想到社会现实的可能性。聪明还被聪明误，经过几番折腾，到第三次爱情来临时他才明白，一切对于他来说，都是水中月镜中花。

几十年过去了，我认为，他是一个善良的人，从他对钱素贞和孩子的扶养、教育上可以看出。他是一个不完美的人，普通人有的缺点他都有，普通人的七情六欲、喜怒哀乐他也有。他是一个有才华有想法的作家，在他的时代，作为一名作家他做到了最好，我们应该理解他记住他。

闻见偶录

刘永翔

章士钊

少读《鲁迅全集》，见豫才翁斥章孤桐（士钊，1881－1973）文理不通，以为其言太过。章所作号称"逻辑文"，既运以逻辑矣，自当辞严义密，安能不通文理乎？顾其时未得读其文也，存疑蓄胸而已。

迨浩劫之起，群籍遭焚，人皆不得出书，而孤桐《柳文指要》独得印行，且赫然为十六开大字本也。余赋诗以记其事，中有句云："坑中科斗皆成烬，纸上於菟尚有风！"（於菟，虎也。章氏尝办《甲寅杂志》，封面绘有一虎；后又任北洋政府司法总长兼教育总长，人称"老虎总长"）借得其书，粗阅一过，觉其不特不通文理，即常识亦不之具也，如谓水北为阴、章实斋绩学以诸生终等不胜枚举，始深觉周语之不诬，学林诸老亦同此感。余继赋曰：

数纪虚声坠地亡，一编无地不疏荒。书成硕彦皆摇首，浪说文章大小章（昔有"文章大小章"之说，谓太炎、孤桐也）！

遂札其误数百条寄章。孤桐不答，如付洪乔焉。初谓年衰不能作报书，旋闻其衔命赴香江言探小夫人矣，矍铄哉是翁！而未几竟殁于港。

后知其忘年友东台高二适（1903－1977）亦尝摘其误甚多告之。高以章草名，兰亭论辩中尝驳郭鼎堂之说。顾余后读高诗，亦未觉其文理之通也。

闻钱翁子泉尝嘱槐聚先生往谒孤桐，而先生未赴。后读《指要》，告友人吴漊斋（忠匡，1916－2002）曰："苟当年遵先君命，今日必贻后悔。"鄙其书之陋，致不欲见其人也。

南庠卞翁孝萱（1924－2009），余识之于粟末某会上，告余《指要》乃其助孤桐撰成，然则其书误处，卞翁当分其谤矣。

毛彦文

吾衢江山县毛彦文女士（1898－1999），小字月仙，吴雨僧先生所"求之不得，寤寐思服厄"者也。而性非和顺，人多不知。毛少尝适人，而恨其夫庸懦，日以麻姑之爪掐之，青紫几无完肤也。后卒离异。此事先君闻诸姑丈罗碧霞，毛氏故夫，其交游也，尝袒而示之背，诉其受虐状，以故知之。

陶冷月

先君在沪复兴中学任教时，陶先生冷月（1895-1985）亦在该校为美术教员。陶尝托先君绍介卖画，先君笑曰："奈公绘事不佳何！"陶曰："是何言也，伊藤博文亦买我画！"先君曰："伊藤遇刺时公几龄耶？"陶曰："我三岁已成名矣！"闻者皆笑之。余尝见其画，学步日人，多用烘托渲染之法，有千篇一律之概。闻今在拍卖场中尚可以易阿堵云。

吕思勉

孔子里人称孔子为东家丘，不觉其圣也。家父云：其友董圣功（任坚，1900-1967？），治教育，创"人化教育"之论，杜威之徒也，尝与吕公诚之（思勉，1884—1957），共事于光华大学。一日，闻家父盛赞吕公之学，曰："有是哉！其人甚不洁，吾尝亲见其卧榻上食鸡，鸡骨满其衣也。"

吕公见轻有由矣，惟不知阙里邻人何所见而轻仲尼也。

潘伯鹰

潘公伯鹰（1905-1966），孤桐章氏甚赏其能说诗解颐，比之于诗坛之"郢都鹰"焉。然余观其《黄庭坚诗选》，逞臆处在在而有也。如"杨柳索春饶"句，潘氏望文生义，解为"杨柳向春天要得多一些"，叹赏备至。殊不知"索春饶"者，得春怜也，当时常语，前此柳七咏柳枝时已用之矣。黄九乃沿耳，非创也。

潘公说诗，而亦能诗。其《玄隐庐诗》，系其殁后由其夫人分批夹信中寄新加坡潘受先生者，卒编印成帙。余读其集，觉客气虚张，无一篇一句之足采也。岂读古人诗多，目迷五色，遂不知子都之姣耶？然先君固知味者，亦不以其诗为佳也。

苏丈渊雷（1908-1995）尝告余，潘公风流自喜，尝疑某女士属意于丈，青梅浸醋之酸，形于言动焉。呜呼！萦心于此，学固宜不进，而裙裾脂粉，足助冬郎，何以其诗亦不能动人耶？

朱季海

太炎先生临殁，以少子托孤于朱公季海（1916-2011）。季海为人脱略，未尽厥责。章子后竟因事入狱。汤夫人恚甚，召章氏弟子群集，责朱负师之托，宣言褫其门籍。后季海每导人谒章墓，仅引至墓园，已则立门外而不入。此事余闻诸季海弟子陆公泳德。

朱维铮

忆2003年8月，华东师大古籍所理董《朱子全书》梓成，发布会假座锦江饭店，群儒来贺。会毕晚宴，余陪末座，默聆高议。朱君维铮（1936-2012）忽曰："近始读袁枚集，觉其见较章学诚为高明也。"章君培恒（1934-2011）然之，曰："余虽传为章氏之裔，所见实与子同也。"

简斋识见之高出实斋，余于趋庭时早已闻知。先君尝在浙江通志馆作《袁枚著述提要》，时年未弱冠也。读其书而服膺，屡为翔言之。后命佐其注袁氏《续诗品》，因读其全书，遂益知随园思虑之超迈。此注流传未广，二君者未见，固不知余父子嗜随园著述之深且久也。

余本谓朱君不知世有刘某。逾六年（2009年10月31日），中央电视台导演忽来沪电邀余会于西郊宾馆，至则朱君在焉。虞君云国亦来，后知皆朱君所荐也。导演所询为天水一朝事，盖欲拍片演说赵宋列帝也。朱君知余，殆以所作《清波杂志校注》一书乎？然余惟事考据，见木而不见林，有负朱君之知矣。若虞君，则宋辽金三史满贮于胸，所荐可谓得人。后不知何故，电视片竟不果摄。

李学勤

李君学勤（1933-2019）主持夏商周考古工程，訾议者甚夥。余昔尝见其人，且与之共语矣。

忆1986年末高校古委会于深圳大学举办国学研讨班，余亦预听。十二月廿七日，李君讲国外中国考古学，提要钩玄，听毕，觉其名"学勤"，真名副其实也。课后，余与偕行。李君告予曰："中国实无图腾，不敢为文倡其说，畏学界群起而攻之也。"

余自此遂留意其文。十馀年前，学界颇有欲翻阎百诗论断之案者，谓今传《古文尚书》非伪。李君著文，亦微露此意，而隐约其辞，未敢明诏大号也。迨所谓"清华简"者出，李君主理董之事，见中有与《古文尚书》同题之篇，而文字迥异，始断今传者为伪。其于治学也，可谓至慎矣。

乃今则见群起而攻之者矣，以其主持夏商周工程之无谓也。而李君勇任其事，无复昔时之慎，亦不复畏人之多言。子曰："及其老也，血气既衰，戒之在得。"信夫！

踞灶觚（三）

王培军

三十九、太炎供欢喜佛

太炎在北京时，有一铜制欢喜佛像，作人牛相交状，制作颇精，据云以六十元得之，常置于案头，以为观玩。后其女珵至，始亟撤去。

四十、陈寅恪看地狱变

陈寅恪自云在巴黎，尝花钱往一处，大开其眼界。其处有秘室，秘室之中，男女云雨之事，任人观览。甚至男女群交，人与犬交，穷形尽相，有似地狱变。每观一次，需钱三法郎云。见《吴宓日记》一九一九年三月二十七日。

四十一、易小姐

梁节庵喜呼易实甫为"易小姐"，其致端方弟书，评及易诗云："易小姐此易老五也，晦若谓其人如荡姬佚女，色艺冠时，可谓推许尽致矣。小姐好脂粉，故诗中有此气，此语小姐闻之最乐也。"见《容庚藏名人尺牍》。

四十二、实甫作闲情诗

实甫迷恋刘喜奎，日奔走于其门，以得一盼为荣。至云："喜奎如要我尊呼为母，亦所心许。"每日必与诸名士过喜奎家一二次，入门脱帽，必狂呼："我的亲娘，我又来了！"又仿陶渊明《闲情赋》语，作一诗云："我愿将身化为纸，喜奎更衣能染指。我愿将身化为布，裁作喜奎护裆裤。"可谓恶札。喜奎小字桂缘，南皮人，尝从郑海藏所恋之金月梅游，色艺并绝，慕之者愿十五金易一吻云。

四十三、曾季硕寄外札

曾季硕为湘绮女弟子，才女也，有《桐凤集》。当时推为第一女诗人。方湖作《光宣诗坛点将录》，拟之美人一丈青。其夫张子馥，亦从学于湘绮，才子词人也。其伉俪相对，赌茶记书，自为人所羡，考其实际，却有出人意外者。子馥好色，于夫人之外，纳有如夫人四，并爱宠之。子馥远游，季硕作札寄外云："君可归矣，四美已日著新衣相待矣。"又云："四美喜则笑，怒则骂。"又云："其三犹日来一二次，其四则避而不见，已数日矣。"一壶五杯，喧呶口角，亦自然之数也。

四十四、刘申叔为神童

申叔尻有一无骨肉尾，长不及寸。其左足正中，又有一鲜红方记，如龙眼大，濯足则见之。人传为老猿转世，聪明异于人，以此。申叔十一龄，以半日之力，作《凤仙花》绝句六十馀首，次日，复足为一百首。是故一神童也。见其甥梅钺记。

四十五、申叔太炎反目

申叔妻名何震，为人多欲，在日本时，与申叔表弟汪公权通，为章太炎所撞见，太炎本于古之友道，秘以告申叔。申叔不之信，以为无中生有，大怒，遂与太炎反目。太炎数作书与之，欲重修旧好，申叔皆置不复。见汪东记。申叔卒，何震之神经病发，于北大校门外，伏地恸哭。旋削发为苾刍尼，法名小器，后不知所终。见柳亚子记。

四十六、太炎恨吴稚晖

太炎答孙昉思云:"或问及吴某之作,曰:吴某何足道哉!所谓苫块昏迷,语无伦次者尔。"又答诸祖耿云:"《尚书》诵习多年,知其难解。江艮庭、孙渊如所说,文理前后不通,喻如吴某演说,三句之后,意即旁骛。"按所云"吴某",并谓吴稚晖也。其恶吴亦有故。当晚清之际,清政府欲捕《苏报》数人,江苏候补道俞恪士得知,泄其秘与吴,吴乃一人遁去,而不以告太炎,致太炎被捕入狱。太炎故恨之。

四十七、孙德谦喜赌博

王静安为孙德谦《汉书艺文志举例》作序,誉之云:"精矣密矣,其示后人以史法者备矣。窃叹世之读书者,殆未有过于益庵者也。"而作书与罗振玉,乃又云:"昨为孙益庵作其所撰《汉书艺文志举例》序,其书毛举细故,殊无心得,可见著书不易也。"此所谓"当面输心背面笑"也。顾颉刚言及孙,则云:"此人极喜赌博,弄无虚日,乃欲加入学者社会,作《诸子通考》、《二妙年谱》等以自见,其实亦甚平常。"见顾氏《读书笔记》第一册。

四十八、夏承焘与钱基博

钱基博以所著《国学讲义》赠夏承焘，夏作书与钱，
誉之云："承贶《国学讲义》，谓荀卿为孔门之马丁·路德，
新义尤甚奇确。近人治诸子学，《墨经》以外，荀为最盛。
惟精论时出，而舛缪亦复不免。大氐近人为学风气，好为
击断，加以粗忽，遂致厚诬古人。以馀杭章君之方闻绩学，
时亦不免。若条理缜密如先生者，诚仅见也。"而于《天风
阁日记》中，则云："此人前年在沪与予曾一面，面目寝陋，
而貌为谦谨，论学喜附会。曾见其《国学必读》一书，谓
中国古代文言文始于老子之《道德经》，孔子见老子以后，
即以其文法归教七十子著书云云，语甚怪诞可笑。"所谓
"面目寝陋"，则是"其人面微麻，衣冠不饰"也。

四十九、寿石工黑胖

寿石工为大黑胖子，坐人力车，躯体肥硕，几塞满车
厢。作小词，则师法北宋，甚美；书法亦秀雅，如妙女簪
花，工于小楷。皆与其人不类。见《学海纷葩录》。此犹曹雪
芹黑肥，而能著《红楼梦》也。

五十、吴宓记杨杏佛事

吴宓云：杨杏佛妻极美，而杏佛面麻，黑且瘦。其妻甚嫌之，每对人云："我受了彼骗。"其人工心计，颇诡谲。妻名赵志道，赵凤昌之次女也。

五十一、伯宽公无度

黄公度评陈伯严诗云："时有未轩豁、未妥帖、未圆满、未浏亮、未匀称、未浑成之处，取古人名篇写撮数十首，以供讽诵，即当改观。"伯严不以为忤。公度又云："公论仆诗宽假过当，而仆于公诗断断持论，如作迫狭之状，公当改称'伯宽先生'，仆则可谓'公无度'矣。"

五十二、杨庄讥注书

杨庄云："读《汉书》遇不可解处，偶翻王先谦之《汉书补注》，彼亦茫然，所可解者，彼亦明晰。补注之功，果在何处？"见《草堂之灵》。其语颇隽。傅斯年语邓广铭云：仇兆鳌之注杜诗，详则详矣，其于研究杜诗，并无大用也，惟可供小儿号嗄耳。

五十三、黄晦闻

黄稚荃谒黄晦闻，晦闻问师为谁，答曰："高步瀛先生。"晦闻曰："高先生为北方学者，可惜科举气味重。如其撰《文选义疏》，《文选》有何'义'可言？"见《杜邻存稿》。钱锺书谒陈石遗，语及晦闻，石遗云："此君才薄如纸，闻其撰曹子建、阮嗣宗诗笺，此等诗何用注释乎？"见《石语》。

五十四、"一东一西，不是东西"

叶公超致书与钱锺书云：郑西谛、傅东华皆不通，可名之曰"杂脍"。钱作复云："此二人一东一西，不是东西，直kitchen middens（厨馀垃圾）而已。称之曰'杂脍'，犹忠厚语也。"见钱锺书日记。

五十五、叶公超称美鲁迅

鲁迅下世，叶公超连作二文，一曰《鲁迅》，一曰《关于非战士的鲁迅》，称美其文章，以为过于徐志摩、胡适。胡适见之，不快，对叶云："鲁迅生前吐痰都不会吐在你头上，你为什么写那么长的文章捧他。"见叶氏《病中琐忆》。

五十六、"蚊子老生"

张伯驹嗜京剧，每粉墨登场，其演《空城计》，自饰
孔明，以余叔岩扮王平，杨小楼扮马谡，凡为配角，俱属
名伶，轰动一时，群称豪举。按，此如马云演《功守道》也。惟
其本人唱实不佳，声音低弱，即坐前排，亦不能聆之清晰，
故谭富英讥之为"蚊子老生"。

五十七、钱锺书与吴小如

钱锺书补订《谈艺录》，于评黄公度一节，带及北京大
学中文系近代诗研究小组编《人境庐集外诗辑》之误以《春
阴》七律"腰斩为七绝八首"，云："辑者不甚解事"，"此
类皆令人骇笑，亟待订正"。其实其书之辑，出吴小如手，
钱未之知也。吴既睹《谈艺录》，乃作《就〈人境庐集外诗
辑〉答钱锺书先生》，自辩之，最后云："今拜观钱老所著
书，乃知未免孟浪卤莽。既订正之无从，只有闻善言则拜
了。""昔汪容甫在扬州，每向人说某某不通。钱老学贯中
西，当代硕儒，平生仰止，发自五中。其学问又非汪容甫
所能企及。承钱老讥以'不甚解事'，理固宜然。三十年
后，不知已稍解事否，是则有赖钱老教诲之矣。"及钱氏去
世，吴居上海闵行，闻沪有人作文纠钱诗之声病事，大喜，
乃倩人绍介，亟欲一见作者，盖以为已代之报仇矣。

编后语

　　《掌故》从2016年6月推出第一集，至今第十集面世，七年之功，算是稍见规模。今后当然还有很长的路要走，却忍不住先小小庆祝一番。正好吴夜雨为本集写清末民初的笺纸画家王劭农（他在鲁迅、郑振铎编辑的《北平笺谱》中入选数量仅次于陈师曾、齐白石），借助作者丰富的藏品，我们选择四幅王氏彩笺，印成"掌故十集纪念笺"附赠读者。此举得到刘涛、扬之水、白谦慎、徐俊、陆灏五位挥毫助兴，至为感谢。

　　不断有发表于《掌故》的文章结集出版，是本刊活力的体现。继刘聪《吴湖帆与周鍊霞》、雪克《湖山感旧录》之后，今年2月中华书局出版的艾俊川新著《E考据故事集：从清初到民国》，约有半数初刊于《掌故》。此外，从第二集开始，每集的新作者基本保持在五分之二左右（本集略少些，约有三分之一），源头活水，欣然可期。愿迎来更多的新作者，也愿新作者变成老作者。

　　吴夜雨之外，本集的四位新作者是荣鸿曾、蔡玉洗、陆灏、王蔚。史学家杨联陞以"博雅"著称，但很少有人知道他还擅长绘事，曾画过一张"琴人图"送给赵如兰。荣鸿曾通过写"琴人图"的绘制与流传，描绘出另一幅学术薪火相传的图景。蔡玉洗作为"文革"后成长起来的出版人，曾与上世纪八十年代最红火的作家高晓声密切接触多年，笔下的形象富有时代气息，真实可信。陆灏是一等一的爱书家，书架上的签名本几乎本本都有故事，读来如同置身驰誉书林的海上听水书屋，目不暇接。五四时期的女作家庐隐，因为与初恋未婚夫解除婚约"人生走入另一条轨道"，经过王蔚的追寻，未婚夫的真实姓名与人生以及庐隐何以会"尽量模糊前未婚夫的身份"，时隔八九十年，仍然找到了答案。

　　还愿意特别推荐谭苦盦的《孟森之死》与樊愉的《我的母亲庞左玉》。前者考察一代史学名家的死因，重在追索真相，反思执念；后者既是属于作者自己的私人记忆，也是属于现代艺术史的群体记忆，而幼年的作者跟随母亲走入陈小翠旧居时所目睹的惊人一幕，更应融入不可磨灭的民族记忆。

　　近半年来，有三位作者离我们而去，他们是徐文堪先生（1月4日，享年八十岁）、赵纯元先生（3月5日，享年七十八岁）、雪克先生（3月10日，享年九十七岁）。感谢他们和我们分享人生经历、见闻感悟，他们的支持是我们办好《掌故》的巨大动力，过去如此，未来亦然。

严晓星　2023年6月4日